歴史文化ライブラリー

240

信長のおもてなし

中世食べもの百科

江後迪子

目　次

中世の食事と食品―プロローグ……1
食生活の歴史／現在の食生活の基盤は中世にできた／中世以前の食

天下人のおもてなし

足利時代の御成……12
御成とは／足利義稙の大内氏訪問／三月五日の献立

安土城の献立……24
信長の家康饗応／天正九年の饗応／聚楽第での秀吉への饗応／江戸時代の御成

信長・秀吉の茶会……44
茶の風習／茶の湯のはじまり／信長の茶の湯／相国寺の茶会／口切の茶会／信長と利休／大坂城の秀吉の茶会

贈答された高級食品

将軍への献上儀礼 …… 56
贈答を繰りかえす中世社会／垸飯とは／地方の垸飯
守護大名の贈答品 …… 60
明の貿易品／朝鮮・琉球の貿易品／硫黄・沈香／金子および唐物・布類／豹皮・虎皮／瓜／松の実・人参／甘葛・蜜／砂糖／焼酎・南蛮酒
石山本願寺の贈答品 …… 81
精進料理／石山本願寺の食品贈答

中世の食文化を探る

往来物にみる食べ物 …… 86
中世の教科書／魚肉類／野菜／点心・菓子・茶の子
魚　類 …… 90
魚のランク付け／鯉／鯉の包丁式／鯛／はも／うなぎ（宇治丸）／なまず／かつお／鮭／鱒／鱈／鮎／鮒／いわし／すずき／干ふぐ／鯖／ぶり・はまち
貝　類 …… 110

あわび／かき・さざえ・はまぐり
そのほかの海産物……114
たこ／ほや／くらげ／鯨／鯨の食べ方／いるか・あしか／ふか／えび・かに
魚の加工品……123
なし物／背腸／かまぼこ／はんぺん／すし
獣鳥類……130
肉食禁忌の浸透／狸／兎・かわうそ／雁／鶴／白鳥・鴨・鶏
野菜……137
さつまいも／茄子／こんにゃく／ごぼう／大根／ねぎ（ねぶか）／薯蕷・ずいき／その他の野菜／松茸／豆腐・納豆
果物……143
柿・栗・みかん／あんず・いちご・瓜／梨・びわ・ぶどう・桃／その他の果物
菓子と香辛料……148
中世の菓子／菓子の広まり／消えた菓子／あこや・椿餅・ふのやき／餡と餡ちまき／南蛮菓子・油物・その他／香辛料

料理の普及と年中行事
中世の料理と食品の流通……162
精進料理の影響／料理法／食品の流通
年中行事と食事……168
中世の年中行事／地方の年中行事と食事
日本料理の誕生―エピローグ……179
あとがき
参考文献

中世の食事と食品——プロローグ

食生活の歴史

食べ物の記録で、もっとも多いのは贈答の記録であるように思う。江戸時代の大名臼杵《うすき》藩稲葉《いなば》家の場合も、のべ一二〇年余にのぼるほぼ毎日の日記には、贈答の品物とその理由が祐筆《ゆうひつ》によって記されていた。中でも多かったのが食品だった。

食生活の歴史の研究は、各方面の文献から調査する方法と、伝承されたものについて調査する方法などがある。

中世以前の文献としては『古事記《こじき》』や『日本書紀《にほんしょき》』、『万葉集《まんようしゅう》』および『養老律令《ようろうりつりょう》』などにある租税から知ることができ、また近年各地で行われている発掘調査の結果からも解明されるようになった。奈良時代には、大陸からもたらされたものを含め、かなり豊かな副食品があった。

平安時代には『和名類聚抄《わみょうるいじゅしょう》』(九三〇年)に多くの加工品がみられるようになる。そして食生活に大きな影響を与えたのが貴族たちの饗宴である。この饗宴を「大饗《だいきょう》」といい、食べ方のきまりも整ってきた。鯉の切り方などの包丁式という故実をもてなしのひとつとし、もっとも古い料理の流派四条流《しじょうりゅう》が興ったのもこの時代だった。

その後、源平の争いも終わり、京都では公家たちの勢力が衰えていくにつれ、田舎武士が台頭してきた。武士たちは比較的質素な生活をしていたが、鎌倉時代後期になると『太平記《たいへいき》』に「武士のやからは富貴ひごろに百倍して、身には錦繍《きんしゅう》をまとい八珍をつくせり。(中略)又、都には佐々木《ささき》佐渡判官入道道誉《どうよ》をはじめとして、在京の大名、衆を結んで茶の会を始め、日々に寄り合い活計をつくすに、異国本朝の重宝を集め、百座の粧《よそおい》をして、皆曲彔《きょくろく》の上に豹虎の皮をしき、思い思いの緞子金襴《どんすきんらん》を裁ち着て」とあるように、競うようにたのしみを求め外国の風習を取り入れるようになった。

現在の食生活の基盤は中世にできた

近年、大友氏の館跡が発掘され（大友氏遺跡）、キリシタン信者の証として身につけていたと思われるメダイや、中国、タイ、ベトナムなどから輸入された陶磁器の破片が多数出てきた。それは、キリシタン大名だった大友《おおとも》宗麟《そうりん》をしのばせるものといえる。大友宗麟は天文二十年（一五五一）宣教師ザビエルを豊後《ぶんご》府内《ふない》に招いたことでも知られている。

図１　大友氏の館跡と出土したメダイ
（上：大分市教育委員会提供，下：大分県教育庁埋蔵文化財センター提供）

そこで、足利将軍や織田信長、豊臣秀吉などが生きた時代の食生活がどのようなものであったのかを調べてみようと思い立った次第である。これまで、江戸時代に主眼を置いて調査をしてきたのだが、中世について調べるうちに、室町時代にすでに現在の日本の食生活の基盤ができていることを知った。それを実証するために、残された記録を主に日記類を調査することとした。京都を中心としていた日本のまつりごとが、その骨格を成しているのはいうまでもない。

中世以前の食

わが国の食生活の歴史を記録からふりかえるとき、まず奈良時代に成立した『古事記』や『日本書紀』『万葉集』などや『養老律令』にある租税品から税として納められた食品は全国各地から運ばれていることがわかる。とくに、魚類とその加工品が多いのが目に付く。もちろん塩干物だっただろう。魚類が多いのは、四面を海に囲まれた日本の地理的環境のもたらすもので、近年盛んに行われている発掘調査からも文献調査を補うことができるようになってきた。また、「正倉院御物《しょうそういんぎょぶつ》」の中には、大陸からもたらされたものも多い。ちなみに、正倉院は東大寺《とうだいじ》の大仏殿《だいぶつでん》造営（七四五〜七五二）の前後に建造されたもので、聖武《しょうむ》天皇の冥福を祈って、遺品や愛用の品などを光明《こうみょう》皇后が寄進したものである。正税帳《しょうぜいちょう》にある食品には、まめもちい（豆餅）があるし、僧鑑真《がんじん》が唐から持参しようとした目録には「石蜜・蔗糖《しょとう》五百余斤、蜂蜜十斛《こく》および甘蔗《かんしょ》八十束」とある。正倉院文書の「種々薬帖」の当時は、蔗糖は薬として扱われていた。

唐菓子も伝えられた。その頃の菓子は木菓子《きがし》すなわち果物がほとんどだったが、小麦粉をこねていろいろな形につくり油で揚げた唐風の菓子が伝えられた。梅子《ばいし》、伏兎《ぶと》、団喜《だんき》、環餅《まがり》などである。

鳥類は比較的よく食べられた。獣肉類では牛、馬をのぞく猪、鹿、うさぎなどが食べられた。牛や馬は農耕に役立つため、殺生が禁止されていた。魚介類にはあわび、堅魚《かつお》、烏賊《いか》、楚割《すわやり》（魚を細長く切って塩干ししたもの）、年魚《あゆ》、鮭《さけ》、鱒《ます》、うなぎ。海藻類ではわかめ、のりなどがあった。野菜がどの程度栽培されていたのかよくわからないが、山野草や大根、瓜、なす、芋などが食べられていた。果物では田道間守《たじまもり》が伝えたみかんのほか、桃、柿、梨、びわ、栗、くるみ、しいなどがあった。

料理法をみると焼き物、煮物、ゆで物、羹《あつもの》（吸い物）などや、すしもあった。もっともこの時期にすしは、現在とは違う馴れずしである。

平安時代になると、それまでの唐風文化に代わって国風文化すなわち日本風の文化が台頭してきた。

食品類は奈良時代と比べて大きな変化はないが、この時代になってから有職故実《ゆうそくこじつ》を重んじる公家たちが食の規式（約束事、決まり）を行うようになった。禁中や大臣家などでは盛んに饗宴が行われ、これを「大饗」といい、そこで出される料理を大饗料理といって珍重した。

食の歴史の記録は、食品名から検討する場合と、献立・料理から検討する場合があるが、奈良時代には少なかった献立・料理の記録が残っているのが平安時代の特徴といえる。

われわれの食生活は、行事や儀礼などのハレと日常のケに分けられるが、献立・料理の記録はそのほとんどがハレのものである。平安時代のはじめころ、遣唐使《けんとうし》を送るときには漢法によって送別の宴を行っているという。それについての詳細はわからないが、特別な事柄があるときには、昔から食をともなう規式があった。

では、平安時代後期の献立が示されている例をみよう。まず、鳥羽《とば》天皇の永久《えいきゅう》三年（一一一五）七月二十一日、関白右大臣が東三条へ移ったときの饗宴である（図2）。

料理は大盤《おおばん》二枚と中盤二枚、それに臺《だい》三本と酒、水が出された。

大盤のひとつには窪杯《くぼつき》に海月《くらげ》、老海鼠《ほや》、鯛醤、蚫《あわび》味噌、二つ目の大盤は水垸（水を入れた容器か）、三つの臺のひとつには、鯛膾《たいなます》、鱸膾《すずきなます》、鯉膾《こいなます》、汁膾、零余子《むかご》焼、鯛平焼、

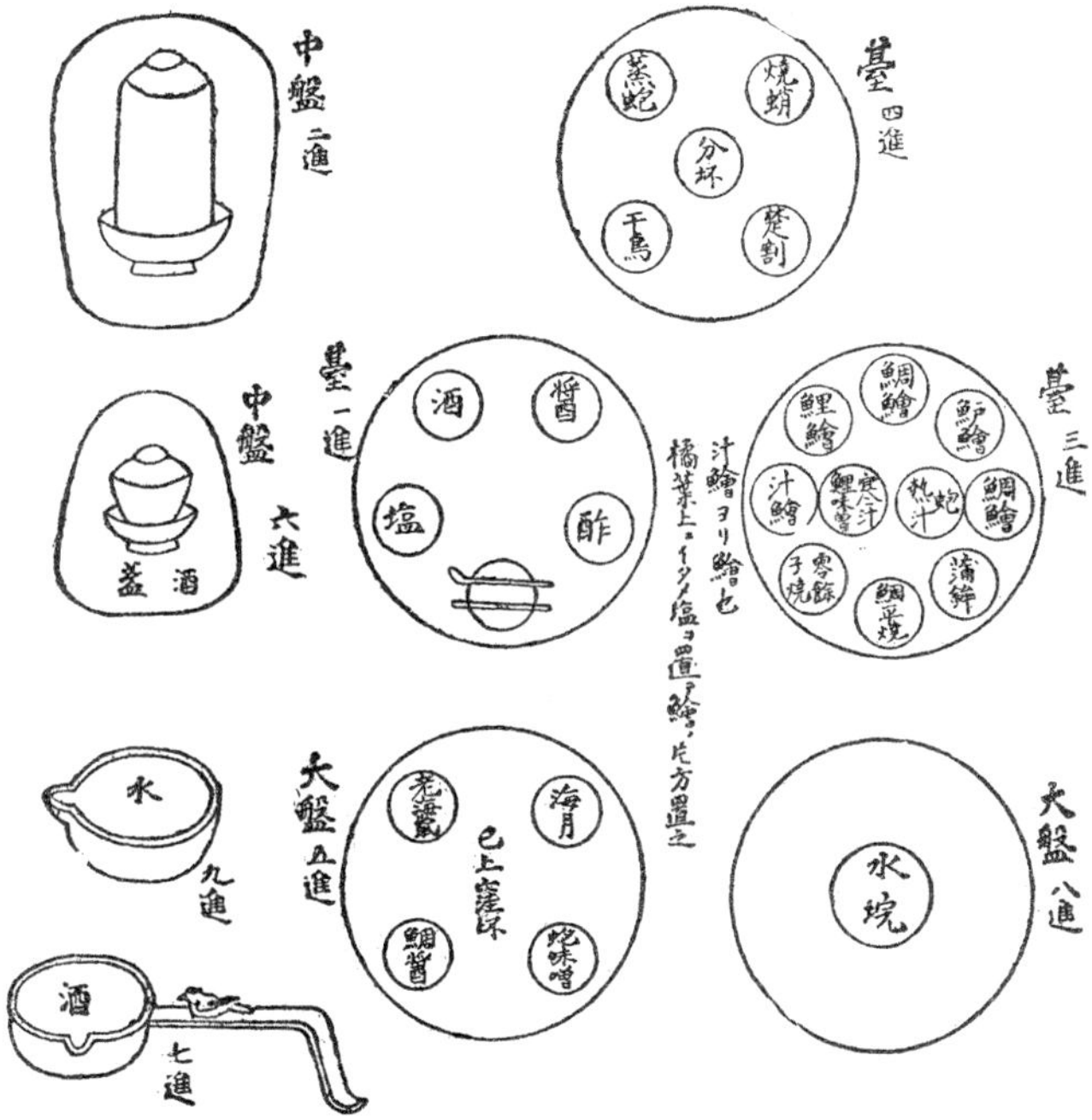

図２　関白右大臣が東三条へ移ったときの饗宴
（『類聚雑要抄』）

蒲鉾《かまぼこ》、寒汁として鯉味噌、熱汁として鮑が盛られた。二つ目には調味料の醬《ひしお》、酢、塩、酒、三つ目には蒸鮑、焼蛸《たこ》、干鳥、楚割、分杯（容器か）が盛られた。中盤のひとつには酒、他のひとつには飯のようなものがみえる。さらに水と酒をつぐ容器がある。この当時の饗宴は魚貝が中心で、野菜類はほとんど使われていない。料理法をみると、なます、汁物、焼き物のほかは干物が多い。

また正客に比べると、他の客の場合は料理の数が少ない。しかし、基本的に唐菓子と木菓子、干物、生物、飯という組み合わせは変わらない。

次に、承安《じょうあん》二年（一一七二）一月二日に催された摂政家臨時客の献立を示そう。

饗　下家司親重給　料材　調進、主客各三本

一本　着　酢塩、不居飯

一本　削　梨子四菓、干棗《ほしなつめ》、青苔、引干《ひきぼし》　楚割

一本　腹赤《はらあか》、鯉膾、干瓜、ほや

（以　海月用之）但二種窪杯

殿上人料、黒柿机八前　居物同、但居飯

一献　進　御盃云々

二献　勧盃云々
飯　海雲《もずく》、零余子焼
三献　勧盃
雉羹《きじのあつもの》、雉足、梅松、生蚫
四献　勧盃云々　菓子小柑子、□猿、蘇《そ》（平土器）、甘柿（平土器）
五献　勧盃云々
六献　同上
次　薯蕷粥《しょよかゆ》
次　引出物　馬　栗毛　鞍

〔註〕削（削り物か）引干（不詳）楚割（魚の塩漬けを干し削ったもの）腹赤（魚の一種）窪杯（汁気の多いものを入れる中のくぼんだ容器）海雲（もずく）零余子（むかご）雉羹（きじの汁）梅松（海松《みる》＝みるの誤記か）蘇（乳製品）

後任の内大臣花山院へは平大饗が用意された。その内容はほぼ同様であるので省略するが、納言以下上官以上の三一人に対する五献目には菓子として小柑子、甘葛《あまずら》、枝柿、平栗が出されている。大饗の折には朝廷からお使いを遣わされ、蘇（乳製品）と甘葛を賜るのが例だったとされている。甘葛については後述する。

大饗に用いられた食器は、唐菓子ならびに木菓子の盤（皿）は四寸五分（一三・六センチ）、干物・生物・貝類の盤は四寸（一二・一センチ）、窪杯は三寸（九・一センチ）とかなり大きい皿が並べられているので、大きなお膳だったといってよい。しかし、このような大きな盤に盛って出す様式は、中世になるとほとんど見られなくなる。

その後、禅宗が盛んになると寺院から伝えられた精進《しょうじん》料理が発達し現在の日本料理の基礎が築かれることとなる。精進料理については後述する。

今回、室町時代の武家文化台頭のころから、織田・豊臣の時代までの中世の食生活をまとめることとした。フィールドを広げることができたことは、自分にとって大変うれしいことである一方、不十分なところばかりではないかという危惧もある。多くの方々のご叱責をいただければと思う。

天下人のおもてなし

足利時代の御成

御成とは

室町時代は武家文化の時代である。この時代の饗応について室町中期の公卿・古典学者である一条兼良《いちじょうかねら》（一四〇二〜八一）の作と伝えられる『尺素往来《せきそおうらい》』に「本膳《ほんぜん》、追膳《おいぜん》（二の膳）、三膳、大汁、小汁、冷汁、山海苑池之菜《さんかいえんちのな》、誠に百味を調え候也」とあり、その後盛んになった本膳料理のルーツを知ることができる。

正式な本膳料理が出されたのは、室町将軍を招いて行われた御成《おなり》のときだった。そして、もっとも完成された様式は七五三の膳というもので、菜《さい》の数が七品、五品、三品と盛られているものである。

御成とは、宮家や五摂家、将軍などが家臣宅を訪問することをいい、古くは源頼朝《みなもとのよりとも》

（一一四七～九九）の頃から行われていたものが、足利尊氏《あしかがたかうじ》の開設した室町幕府（一三三六～一五七三）のもとで定例化された。

とくに、正月二日に行われていた将軍の管領《かんれい》邸への御成は、主従関係を確認する儀式だった。また、管領家以外の有力な守護大名《しゅごだいみょう》への御成も一月中に行われていたので、かなりの頻度で御成があった。御成がよく行われていたのは、応永《おうえい》（一三九四～一四二八）ごろより応仁《おうにん》の乱（一四六七）前までである。とくに足利四代将軍義持《よしもち》の時代（足利義満《よしみつ》の長子＝一三八六～一四二八）がもっとも盛んで、『満済准后日記《まんさいじゅごうにっき》』にある足利義持の応永二十年（一四一三）の場合は年に三五回も行われたという。

足利義稙の大内氏訪問

御成の記録のうち、進物および献立の詳細が記されているものは、明応《めいおう》九年（一五〇〇）、足利義稙《よしたね》（一四六六～一五二三、在位一四九〇～一四九三、一五〇八～一五二一再任）が山口の大内義興《よしおき》（一四七七～一五二八）を頼って訪ねたときのものが古い。

御成にはまず進物が用意された。このときの進物は、太刀《たち》、馬、鎧《よろい》、鞍《くら》、弓矢などのほか式三献《しきさんこん》がはじまってからも太刀、絵、金襴《きんらん》、青磁《せいじ》の香炉《こうろ》、唐紅《からくれない》、盆などが献上された。金襴や紅、陶磁器などはその頃は珍しい輸入品だった。式三献とは正式な儀式料理の

図３　萩藩初代毛利秀就入城祝の本膳料理再現
（萩市大照院にて著者撮影）

図４　足利義稙像（等持院所蔵）

ことで、吉良《きら》流ではまず初献《しょこん》の引渡しにつづいて二献雑煮、三献吸物、そして本膳（七膳または五膳、三膳）へと続く。引渡しは儀礼的にのし、昆布《こんぶ》、勝栗《かちぐり》をつけるきまりがあって食べるものではなかったようだ。このような饗応《きょうおう》のスタイルは、御成がさかんに行われるようになってますます形式化されていった。

三月五日の献立

また、御成には食事が整えられるのは当然のことだったが、山海の珍味をそろえ、料理の品数もつきないほど用意された。

足利義稙が山口の大内氏を訪問したのは、将軍職を細川政元《ほそかわまさもと》によって追放された間のことだったが、大内氏側のもてなしの記録が『明応九年三月五日将軍御成雑掌《ざつしょう》注文《ちゅうもん》』（『山口県史史料編中世1』）という表題からもわかるように、実際は前将軍であったにもかかわらず、その内容は将軍を迎えるのと同じほどだった。このとき、足利義稙三五歳、大内義興は二四歳だった。

式《しき》御《お》肴《さかな》三献《さんこん》

御手懸《おてかけ》

御肴次第

初献

きそく　五種《ごしゅ》　雑煮

二献

さしみ鯉子付《こいこつき》　えび舟盛《ふなもり》

菱喰皮煎《ひしくいかわいり》

三献

ちぢみ鮑《あわび》　たこ　鯉の煎物《いりもの》

供御《くご》

鯛の焼物　塩引《しおびき》　せわた　鮒《ふな》なます

供御

塩　かどの物　干鯛《ひたい》　子うるか

二御台

鳥の焼物　鮭の焼物　鯉　さしみ鯛　御汁

三御台

大かまぼこ　雁《かり》の皮煎　貝鮑《かいあわび》　御湯土器重

たこみそ焼　御わけの供御

四御台
こごり　白魚《しろうお》
雁の焼物　御汁
くらげ　冷汁《ひやじる》ほや
五御台
鮒焼《ふなやき》ひたし　ふと煮　御汁いるか
御菓子
まつき　けずり栗　昆布　みかん　ところ
飴　串柿《くしがき》　くるみ　のり
四献
小かまぼこ　さざえ盛《もり》こぼし　鮒丸煎《ふなまるいり》め入
五献
つのまた　三方膳《さんぼうぜん》　御《お》添物《そえもの》　鵠《こうのとり》　生鳥《なまどり》
六献
さしみ鱸《すずき》　あわび　ひしお煎

七献
とっさか　まんじゅう　御添物がざめ甲盛《こうもり》
八献
小串《こぐし》さし鯛　かせ　はらかの煎物
九献
ゆでにし　かどの子　鶴煎物《つるいりもの》
十献
大こん　蒸麦《むしむぎ》　御添物羽敷《はねしき》うずら
十一献
さしみ鰤《ぶり》　はまぐり　鮎の煎物
十二献
岩茸《いわたけ》　うんぜんかり　御添物かき
十三献
つべた　くるくる　やまぶき煎
十四献

鳥の足　海老羹《かいろうかん》　御添物ぶりこ

十五献

さしくらげ　まて　えいの煎物

十六献

はす　羽ようかん　御添物ほや

十七献

小串さし雁　からすみ　雪魚《たら》の煎物

十八献

さしみこち　いいだこ　のりからみ

十九献

こがし海老　羽《は》ふしあえ　つまかさね

廿献

ほろふ　寸金羹《すんきんかん》　御添物こごり煮鮒

廿一献

さしみはまち　はたらこ　鴨《かも》の煎物

廿二献
鰆《さわら》のせんばん焼　たちばな焼　あかほご煎物
廿三献
い貝　けずり塩引　ぶりの煎物
廿四献
もみさざえ　鶫《つぐみ》煎物
廿五献
さしみ名吉　しとと焼　ほっけ煎物

これらの料理は木具《きぐ》というヒノキの白木で作った三方で出された。江戸時代までは、木具のほうが格上で、塗りの道具の方が格下だった。

〔註〕手懸（祝儀のとき客の前へ出す盛り物）　きそく（食物につけた紙飾り）　鯉子付（鯉の身の細切りに加熱した鯉の子をまぶしたもの）　供御（すすめる食事）　背腸《せわた》（魚類の内臓の塩辛）　子うるか（鮎の真子を使った塩辛）　かどの物（数の子）　二御台（二つ目の三方〈台〉）　三御台（三つ目の台）　皮煎（鳥の皮を煎り調味しただしを加え鳥肉とつまを入れて煮る）　御わけの供御（不詳）　こごり（魚の煮汁を冷やし固まらせたもの）　ふと煮（干しなまこやごぼう・にんじんな

どを太いまま煮る）　まつき（不詳）　ところ（山芋の一種）　鮒丸煎め入（不詳）　つのまた（海草の一種）　三方膳（三種のかわらけを盛った膳）　鵠（こうのとり・白鳥）　ひしお煎（雉などの身を焼き、水ですりのばし味噌汁にしたもの）　とっさか（海草の一種）　がざめ（わたりがにかせ（紫うにの異名）　はらか（鱒）　煎物（魚介類・野菜などを汁気少なく煮た料理）　うんせんかり（不詳）　つべた（貝の一種）　くるくる（たらの腸の塩辛）　やまぶき煎（材料に卵黄をぬって焼いたもの）　海老羹（室町時代の点心）　さしくらげ（くらげを切って盛り上に花かつおを置き酢をかける）　羽ようかん（羽根型の羊羹か）　小串さし雁（串刺しの雁肉）　雪魚（たら）　のりからみ（不詳）　つまかさね（まわし盛）　羽ふしあえ（雉の羽節から先を細かくたたき調味したものであえる）　ほろふ（不詳）　寸金羹（室町時代の点心）　はららこ（鮭の真子《まこ》）　せんばん焼（船場煎）　あかほご（かさご）　たちばな焼（魚の身をすり、くちなしで黄色くして丸め、からたちの枝にさしたもの）　い貝（ムール貝）　けずり塩引（塩引き魚をけずったもの）　もみさざえ（さざえのあえものか）　名吉（ぼら）　しとと焼（不詳）

この日の献立は、まず雑煮と五種の肴がでる初献、そして二献、三献という式三献の様式からはじまる。膳は木具といってすべてヒノキの白木でつくられたもので、一献ごとに膳が新しくなり酒のお酌をする人もあらかじめ決められていた。次に供御という天皇や貴人が召し上がるための肴八品、さらに同じような肴をのせた二台から五台まで、次に御菓子、その次に式三献に続く四献から二五献までが出された。初献から二五献まではそれぞれ三品ずつの料理が並ぶ。料理は、御成のときだけではない。お帰りになるときにも一五献が用意された。供の衆へは御肴一献ののち、七品五品三品がでる七五三の膳に菓子七種、食後の点心、添物には生鳥などが出た。

この日に出された食品の数は、重複をのぞいて一〇〇種類近いものだった。とくに目に付くものとしては瀬戸内海近辺ではとれないかどの物（数の子）や鮭、ほっけ、たら、ほや、くるくる（たらの塩辛）など北陸・東北のもの、刺身にされた魚はこち、すずき、鯛、名吉（ぼら）、はまち、ぶり、えび、さざえなど八種類、鳥は鶴をはじめ雁、鶉、鴨、つぐみ、菱喰など六種類にものぼる。また、珍しいものとしてはいるかの汁、長州名産の背腸（魚の内臓の塩辛）などがある。

一五〇〇年当時の菓子は、現在の菓子とは違って栗や昆布、のり、ところ（山芋）、くるみ、串柿、みかんなど木菓子《きがし》（自然菓子）といわれるもので、唯一「飴」だけが現代に通じるものである。饅頭や羊羹もあるが、それは献立の中の一品であって、現在のように甘いものだったかどうかはわからない。

このような献立様式はその後の御成もほぼ同じで、永正《えいしょう》十五年（一五一八）に足利義稙が畠山亭《はたけやまてい》へ御成したとき（『畠山亭御成記』）が二〇献まで、永禄《えいろく》四年（一五六一）に足利義輝《よしてる》が三好亭《みよしてい》へ（『三好亭御成記』）、足利義昭が朝倉亭へ（『朝倉亭御成記』）御成したときは、いずれも一七献までと、大内氏のように二五献も出されたような例を知らない。さらに後の信長や秀吉の御成になると献立はさらに簡略となっている。しかし、様式や献立の内容にはさほどの違いはない。

安土城の献立

信長の家康饗応

信長が安土《あづち》城を築き、そこに移ったのは天正《てんしょう》四年（一五七六）のことだった。翌年には城下に楽市《らくいち》を開き、同七年（一五七九）には安土で来日した耶蘇《ヤソ》会の巡察使ワリヤーニに接見し、南蛮寺《なんばんでら》を建立するなど、着々と勢力を拡げていた。

安土城の建造と同時に、政権の中枢が置かれていた京都では「二条御新造《にじょうごしんぞう》」といわれた信長の屋敷の建築も行われた。これは、前年（一五七五）に従三位《じゅさんみ》・権大納言《ごんだいなごん》に叙任されたのに続き右近衛大将も兼任されて、公家の仲間入りをすることとも関係している。信長四二歳のことである。任官祝いは二ヵ月にも及んだという。このように、天正初期に信

図５　明智光秀を殴打する図
（『真書太閤記　第三巻』）

図６　安土城跡（筆者撮影）

長は権力を掌握しつつあった。

安土での信長の饗応をみよう。信長の饗応でよく知られているのは、安土城へ徳川家康《とくがわいえやす》を招いたときのものである（『天正十年安土御献立』）。天正十年（一五八二）五月、三月に敗死した武田勝頼《たけだかつより》（一五四六〜八二）の遺領駿河《するが》を家康が拝領したことを謝すために安土へ出かけ、六日間滞在している。五月十五日到着してすぐ、同日夕食、十六日朝食、夕食の四回分の記録がある。このとき饗応の役を仰せつかったのが明智光秀《あけちみつひで》（不詳〜一五八二）である。光秀は家康の接待に最大の心配りをした。山海の珍味はもとより、唐傘《からかさ》や木履《ぼくり》は京都や堺から買って準備した。

この様子をみた信長は、「まるで将軍家の御成《おなり》のようだ。仕度が行き過ぎている。費用もいくらかかったか計り知れない」と怒りをあらわにしたという（『真書太閤記《しんしょたいこうき》』）。家康の接待が終わった五月十八日、過分な饗応を批判された光秀は、森蘭丸《もりらんまる》ら若い小姓たちから殴打され、翌十九日饗応役を解任され、二一日急に西国備中《さいごくびっちゅう》にいた秀吉の支援のために行くように命ぜられた（『明智軍記』）。

信長の怒りの原因とされる饗応はどの程度のものだったのか。はたして行き過ぎていたのかを献立の面から検証してみたい。

五月十五日「おちつき」とあるのは、到着してまず一献《こん》、今でいうお茶に相当するものだろうか。

本膳
たこ　鯛の焼物　なます　香物《こうのもの》　鮒のすし　菜汁《なめし》　御めし
二膳
うるか　宇治丸《うじまる》　ふと煮　貝鮑　はも　ほや冷汁《ひやじる》　鯉の汁
三膳
焼き鳥　がざめ　にし　鶴汁《つるしる》　すずき汁
よ膳
巻《まき》するめ　しきつぼ　しいたけ　鮒汁《ふなじる》
五膳
まなかつおさしみ　しょうが酢　けずり昆布　鴨汁
御菓子
ようひ餅　豆飴《まめあめ》　美濃柿《みのがき》　花に昆布　から花

大内氏のもてなしや、その後の御成と比べると、最初の式三献《しきさんこん》というスタイルが略されて簡素化され、本膳《ほんぜん》様式だけとなっている。

十五日晩御膳

水あえ　あゆのすし　干鯛《ひたい》　こまごま　御めし

二膳

串あわび　なし漬け　こち汁

三膳　菱喰

かく煮　つぼ　鯛の羹《あつもの》

折二こう

角盛　つぼ盛　ふくらいり　きしませにぶどう

折二こう

かわらけの物　そのほかいろいろ出申候《だしもうしそうろう》

十六日御朝飯

本御膳

宇治丸　焼物　鮒なます　うど　このわた桶《おけ》　汁　御めし

二膳

ひばり　かれい　干たら削物　ふのこくじ　いか　鯛の汁　冷汁
　三膳
塩引　切かまぼこ　焼あゆ　盛合せ　すきかかり　酢ごぼう　とっさかのり　ふ雁《がん》の
汁
　よ膳
大はも　とべた　そぼろ　ひしおいり
　五膳
すずき　たで酢　みる　かけいり
　御菓子
薄皮饅頭　美濃柿　山芋　びわ　麸揚げて
　十六日之夕　　飯御湯漬
塩引《しおびき》　かりの豆　あえまぜ　焼物　香物　ふくめ鯛　かまぼこ
　二膳
からすみ　たこ　さざえ　こくし　あえくしげ　あつめ汁
　三膳

山椒はも　えび　舟盛　のしもみ　白鳥（汁）　鯉汁
　よ膳
かずのこ　百菊焼　うりもみ　青鷺汁《あおさぎじる》
　五膳
鴫《しき》の羽盛《はもり》　ばい（貝）　くじら汁
　御菓子
羊羹　うち栗　くるみ　揚げ物　花に昆布　おこし米　のし
　御点心
しょうが　さんしょう　かたのり　ことうふ　しいたけ　蒸麦《むしむぎ》
　御そん肴　たちばな焼二本
かく盛　つぼ盛　鯛の羹
　折十こう　さかずきの台　そのほかきしいろいろ出申候

〔註〕宇治丸（うなぎ）　ようひ餅（羊皮餅、日葡辞書《にっぽじしょ》には焼判を捺した甘い小さな餅とあり）　から花（薄板で作った花）　なし漬（不詳）　ふくらいり（ふくら煮ともいう。あわび・赤貝・なまこ・いかなどをだし、醬油、酒で調味した煮汁でさっと煮る）　かわらけの物（土器に入れた物）

ふのこくじ（不詳）　すきかかり（不詳）　とべた（つべたと同じ、貝の一種）　かけいり（不詳）　あえまぜ（室町時代後期からのもの、魚貝類に生姜、野菜を取り合わせたあえもの）　こくし（不詳）　あえくしげ（不詳）　あつめ汁（室町時代後期からのもの。魚貝類の干物や野菜を取り合わせた汁）　百菊焼（不詳）　かたのり（紅藻類の一種）　ことうふ（不詳）　蒸麦（蒸した饂飩《うどん》）　御そん肴（不詳）

以上四回分の献立であるが、この様式は前にもふれたように足利時代とくらべ簡略であるし、このとき出された食品の概数も四回分で約一〇〇種とそれほど多くない。単純に割ると一回分約二五種類となる。

天正九年の饗応

明智光秀が家康を饗応した前年の天正九年（一五八一）六月にも徳川家康をもてなしたことがある。このときの饗応役がだれであるかはわからないが、慶応義塾大学魚菜文庫（旧石泰文庫）にある『御献立集』（元文《げんぶん》二年伏見屋本写本）について、同じ家康に対するもてなし方をみよう。

六月十五日於安土

上様（信長）　三河殿（徳川家康）御申の時献立

初献

小ささ　御烹雑《ほうぞう》（雑煮）　けずり物　耳かわらけ

二献

からすみ　くらげ　貝盛　御ひき物

三献

さざえ　鮒　はやり　耳かわらけ

七之御膳

塩引　ふくめ　焼物　なます　香物　たこ　このわた　御湯漬《おゆづけ》

二之御膳

丸さめ　かまぼこ　まな鰹《かつお》　鮎《あゆ》すし　くらげ　御汁鯛　御汁あつめ

三之御膳

干《ほし》はも　小鳥　にし盛《もり》　かつお　干菜　御汁鶴

与之御膳

くま引　酒ひて　干あゆ　御汁こう

五之御膳

ふくめ　塩貝　がざめ　くもたこ　はす　御汁くぐい

六之御膳
ふたさし　椎茸盛　ばい（貝）　はまぐり　するめ　御汁鯉
七之御膳
えび舟盛　赤貝盛　しぎ羽盛　御汁小鯛
御引替膳
なます　塩山椒《さんしょう》　御あつもの　御汁鯛菜《たいな》　御めし
二
小皿ぼんぼり　杉焼《すぎやき》　小煮物　御汁雁
三
さしみ鯉　御焼物小鯛　御煮物　御汁いせえび
引物
鮭塩引
御中酒《おんなかざけ》
御星物《おんほしのもの》三
御菓子

十二種
十六日御献立七五三
塩引　焼物　ふくめ　あえまぜ　香物　かまぼこ　このわた　御湯漬
二
けずり物　くらげ　にし盛　酒ひて　するめ　御汁あつめ　御汁鯛
三
しぎ羽盛《はもり》　ふくめ鯛　えび舟盛　汁鶴
御菓子
羊羹　みかん　くるみ　饅頭　らくがん　あるへいとう　のし昆布
十七日御献立五五之膳
たこ　かまぼこ　ふくめ　香物　すし　焼物　このわた　杉めし
二
あえまぜ　酒ひて　ごぼう　干はも　ひしおいり　御汁すずき　御汁しじみ
三

さしみ鯛　しょうが酢　いり酒　御汁白鳥《はくちょう》
　与
くまはし　貝盛　からすみ　御汁ふな
　五
いか盛　御汁はね鯛
　御菓子
十二種

〔註〕けずり物（魚の干物をけずったもの）　はやり（不詳）　耳かわらけ（耳の形をした土器で箸を置くためのもの）　丸さめ（不詳）　くま引（しいら）　くもたこ（たこの一種）　ふたさし（不詳）　小皿ぼんぼり（干鯛や干鱈を煮てそぼろ風にしてつまんだように盛る）　杉焼（杉箱焼ともいう。杉で作った箱を鍋のかわりにして魚鳥や貝、野菜などを味噌汁で煮て杉の香りを賞味する料理）　御星物（四条流にはからすみ・ふくめ・するめを三方に盛ったもの、『貞丈雑記《ていじょうざつき》』には盃を三つまたは五つ並べたものとある）　杉めし（杉の香りを移しためしか）　はね鯛（干鯛を大きく削りはねたように見せたもの）

このときの食品の概数は三回分で約一一〇種、一回分約三五種類となり、明智光秀が饗応したときと大差はなく、当時貴重だった菓子はむしろ天正九年の献立のほうが多い。したがって、献立からみるかぎりでは、明智の饗応が特別だったとはいえない。ただ、この中で目に付くのは、十六日の献立にある「あるへいとう」である。あるへいとうは南蛮菓子の一つで、ポルトガルの宣教師たちによってわが国に伝えられたとされている。このときの「あるへいとう」はおそらくわが国の初見と思われる。これより以前の永禄《えいろく》十二年（一五六九）、ルイス・フロイスが二条城に信長を訪ねたときの手土産のなかに「こんぺいとう」があったことはよく知られているので、安土の献立に南蛮菓子があっても不思議ではない。

フロイスの『日本史』には、信長がインドやポルトガルからきた衣服を好むと記されており、金の棒、緋《ひ》の合羽《かっぱ》、ビロードの帽子、聖母の像がついた金メダル、コルドバの革製品、時計、毛皮のコート、ベネチア製のクリスタルガラス器、緞子《どんす》生地、絹などがたくさん贈られ、信長の大きな櫃《ひつ》をみたしているとある。

なぜ明智が批判されたかに話を戻そう。『真書太閤記』には「例の嫉妬偏執の深き御本性なれば、たちまち心中に怒りを起され……」というくだりがある。この仕打ちに対して、光秀は謀反を起こしたのだろうか。光秀の謀反の理由については諸説紛々ある。饗応役を解任されたのが直接のきっかけのようだが、家康の饗応以前にも、八上《やかみ》城攻撃の際の処置のまずさを信長に責められたことや、四国征伐の功績を織田信孝《のぶたか》や丹羽《にわ》長秀《ながひで》に奪われたことなどが伏線にあった上で、饗応にたいする叱責で怒りが爆発したのではなかろうか。天正十年五月、家康饗応の二〇日後の六月二日、明智光秀の焼き討ちによって、本能寺にいた信長は自刃《じじん》した。

聚楽第での秀吉への饗応

聚楽第《じゅらくてい》は聚楽亭ということもあるが、豊臣秀吉が関白公邸として京都に築いた城郭《じょうかく》風の豪邸のことで、天正十四年（一五八六）に着工し、竣工後秀吉が大坂城から正式に移ったのは翌十五年九月十三日だった。周囲を五〇メートル《メートル》余の堀に囲まれ、堀の外には多くの大名屋敷が配置され、千利休《せんのりきゅう》の屋敷もあった。その規模を現在の町名からみれば、東は堀川、南は二条、西は内野、北は一条におよぶ広範囲なものだったというが、その遺構は明らかでない。聚楽第は天正十五年（一五八七）に完成後、天下統一を果たした秀吉の勢力が衰え、関白の座を甥の秀次《ひでつぐ》に譲ったのちの文《ぶん》禄《ろく》四年（一五九五）七月、秀次を自刃させてから大名屋敷をふくめてすべてがとりこわされてしまった。したがって聚楽第はわずか八年しかなかったことになる。

この聚楽第へ、天正十六年（一五八八）四月十四日から十八日にいたる五日間、後陽成《ごようぜい》天皇が行幸《ぎょうこう》した。これは秀吉の権威をあらわす絶好の機会となった。このときの献立記録はない。

天正十八年（一五九〇）、秀吉は関東および奥羽を平定して全国統一の宿望を達成し、九月一日京都に凱旋した。このとき京都の留守を預かっていた毛利輝元《もうりてるもと》が、戦勝祝賀のために秀吉を自邸に招いたときの献立がある。（『輝元聚楽第江秀吉公御成記』山口県文書館蔵）

式三献

初献

きじの足にしべをさす　やき鳥　さとふ

五種　亀甲《かめのこう》　くしあわび　かつお　はりこ　するめ　はも

御的之御進物《おんまとのごしんもつ》　御太刀　吉光一期一振之

赤銅粒切金具総桐《しゃくどうつぶきりかなぐそうぎり》

右御太刀之披露筑前侍従《みぎおたちのひろうちくぜんじじゅう》

二献

中海老　鯉（御汁）　くらげ

此時之御進物　御服二十
三献
　すし鮒　鶴（御汁）　まきするめ
（此時之御進物）銀子　千枚折十
与献
　むし麦　添物　まなかつお
此時之御進物　金天目　銀台の沈香《じんこう》一折　紅の綱五〇〇斤　金杯
五献
　御めし
御本膳
　塩引　焼き物鮭《さけ》　大あへまぜ　御つけ　香のもの　かまぼこ七つ　ふくめ
二之膳
　やき鳥　酒ひて　御汁たら　にし　たこ　くらげ　御汁あつめ
三之膳
　からすみ　やき物鮎　御汁白鳥　貝あわび　生いか　宇治丸すし　御汁すずき

与之膳
大はも　御汁くじら　さしみ鯉　小串　御汁こち
五之膳
くま引　御汁ふな　しぎ羽盛　すし鮎　御汁えい
六之膳
ひばり　鯛の子　御汁雁
七之膳
ちん　赤貝　御汁鮎
御茶の子十二種
ざくろ　ひめくるみ七つ　みかん　うんぞうかん　打くり　からはな
うすかわ　豆飴　結《むすび》花昆布　みの柿　山いも

〔註〕はりこ（うずらの子）ちん（干物＝本文にちんと云うは魚の身ばかりを干し、かつおのようにするとある）

秀吉は、信長の政策をほぼ踏襲したといわれているが、献立についてもその内容はほぼ同じとみてよい。群書類従に、文禄三年（一五九四）前田亭への秀吉の御成があるが、これも聚楽第と考えられる。前田亭の場合は、式三献につづいて湯漬けおよび五の膳、さらに四献から十三献までと毛利に比べて豪華である。

御成の饗応をみてきたが、中世大内氏のもてなしにはじまる式正料理すなわち正式の儀式料理は、家督相続や初入国、婚礼などのおりに伝承されている。また国をあげての朝鮮通信使の接待のときも三使および上々官という位の高い人へは式正料理が出されている。しかし、その饗応の程度に応じては式三献が省略されて本膳料理から始まるというように簡略化された場合もある一方で、毛利家では江戸後期になっても家督相続や婚礼のときには略式ながら式正料理が用意されていて、中世に形作られた規式が、のちの武家社会において忠実に守られていたことがわかる。

江戸時代の御成

時代は下って、江戸時代の御成についてのべよう。徳川の時代になってからの御成は、将軍の日光社参や江戸城内紅葉山《もみじやま》社参、菩提寺《ぼだいじ》（上野寛永寺《かんえいじ》、芝増上寺《しばぞうじょうじ》）参詣のほか、御鷹野《おたかの》御成（鷹狩）、川通《かわどおり》御成など近郊へのおでかけや諸大名家への御成が頻繁に行われた。大名家では将軍を迎えるのは名誉なことだったので、贅をつくして行うようになった。茶の湯や能・猿楽も行われた。

島津家の場合は檜皮《ひわだ》ぶきの御成門、柱や梁《はり》、破風《はふ》は青貝と金でから菱を置き、扉や脇塀、小壁などすべて金で彫り物がしてあった。また、天井や壁は狩野休伯《かのうきゅうはく》・内膳《ないぜん》など幕府の御用絵師の手になった。御成のために新築された建物は、主殿、寝殿、数寄屋《すきや》（茶室）、とうこ（納炬）の間、鎖の間、能舞台、楽屋、家老の控座敷、料理所など七〇〇坪は下らないとされている。そして、島津家への御成は、室町時代とは違ってそれまで行われていなかった茶室へまず御入りになり、茶事のあと寝殿へと成ったのである。

御成を象徴する「御成門」についてふれよう。寛永元年（一六二四）、三代将軍家光が蒲生忠郷《がもうたださと》邸へ御成りになった。このときの「御成門」は格別だったらしく「日暮しの門」と人びとが呼び、その有様は『徳川実紀《とくがわじつき》』に「柱には金を以て藤花をちりばめ。扉には仙人阿羅漢《あらかん》の像を鏤める。精微描絵のごとし」と記されていて、こうした前例が後の参考となったようだ。現在港区にある「御成門」という地名は、徳川将軍家の菩提寺増上寺の裏門で、将軍が参詣するときの専用入り口だったところからきている。明治二五年に移築されて現在にいたっている。また、同じく将軍家の菩提寺上野の寛永寺へ参詣するときには神田門を必ず通っていたので、神田門のことを御成門ということもある。

「御成」という呼称は、将軍が家臣を訪問する以外に、城主が臣下を訪ねる場合にも使われた（名古屋『尾州茶屋家の瑞竜院様御成之記』）。これは、御成というシステムが地方でも、中央に倣って行われていたことを示している。

将軍を迎える御成には莫大な費用を要したため、慶安《けいあん》二年（一六四九）将軍家光の酒井《さかい》忠清《ただきよ》邸への御成を最後に行われなくなった。

信長・秀吉の茶会

茶の風習

わが国において、茶を飲む風習がはじまったのは九世紀頃とされる。それは、鎌倉から室町にかけて宋（中国）に留学した僧侶によるもので、臨済《りんざい》宗《しゅう》の僧栄西《えいさい》が帰国した建久《けんきゅう》二年（一一九一）に、宋の文人たちが行っていた茶会が伝えられたとされる。その後、禅宗の寺院が行っていた貿易によって、さまざまな中国の文物、たとえば墨蹟《ぼくせき》や絵画、陶磁器、漆器など、「唐物《からもの》」といわれる品が伝えられ、それが茶の湯に大きな影響を与えたという。

栄西は茶の薬効や飲み方、茶の栽培、製茶などについて解説した『喫茶養生記《きっさようじょうき》』（一二一一年）を著し、その後鎌倉時代末期には僧侶や貴族ばかりでなく、一般の人へも普及した。『喫茶養生記』には「茶は養生の仙薬なり。延齢の妙術なり」と当初は薬効に重きをおいていた。

茶の栽培に大きな影響をもたらしたのは栄西と親交のあった明恵《みようえ》上人で、京都の栂尾《とがのお》に茶の樹を育て、次第に宇治へも広がり、室町末期には栂尾茶・宇治茶とも名産品となっていた。それを示すように、『教言卿記《のりときぎようき》』や『看聞日記《かんもんにつき》』の応永《おうえい》十二年（一四〇五）以降、茶が贈答に用いられた記事が多くなる。宇治茶は『蔭凉軒日録《いんりようけんにちろく》』の寛正《かんしよう》五年（一四六四）に見られ、ほかにも寺院の贈答に多い。寺院では、茶を飲む風習が早くから広まっていたし、一部では寺院内に茶の樹を植えていたのかもしれない。

茶のたのしみ方は、まず飲んでみて茶の産地を当てるというゲームのような闘茶から始まった。この闘茶は、賭け事にまで発展することが多くなったため、禁止令が出されたのだがあまり効き目はなかったとされている。そこで、足利義政《よしまさ》（一四三六〜九〇）の頃に書院に唐物の茶道具を飾って茶を飲むことが考案され、さらに精神性を取り入れた茶道の基礎ができた。数奇屋と呼ばれる四畳半ほどの茶室で行う茶を「わび茶」というようになり、これが現在の茶の湯の基礎となった。

茶の湯のはじまり

やがて、村田珠光《じゅこう》（一四二三〜一五〇二）、武野紹鷗《たけのじょうおう》（一五〇二〜五五）、千利休《せんのりきゅう》（一五二二〜九一）らに受け継がれてわび茶を追求するようになった。茶会を行ったときの記録すなわち「茶会記」が残されるようになったのもこの頃からで、もっとも古いのは「松屋会記」の天文《てんぶん》二年（一五三三）、東大寺の四聖《ししょう》坊《ぼう》へ松屋久政《まつやひさまさ》が出向いたものである。また、千利休は工夫をこらした茶事を行ったり、貿易が盛んに行われていた堺《さかい》に居たという地の利を生かして優れた陶磁器を茶道具として整え、茶人としての地位を向上させていた。

信長の茶の湯

こうした背景の中、信長と茶の湯すなわち利休との出会いが始まる。永《えい》禄《ろく》元年（一五五八）五月、室町幕府の管領細川氏の執事、三好長慶《みよしながよし》の弟物外軒実休《ぶつがいけんじっきゅう》（義賢《よしかた》）の朝会に招かれた。その後の永禄十一年（一五六八）同じ堺の茶人で先輩格の今井宗久《いまいそうきゅう》が信長の御前で薄茶を賜ったのだが、その席で宗易《そうえき》（のちの利休）がその薄茶を点《た》てたという。このとき信長三五歳、宗易四七歳だった。信長の茶会の記録を見よう。

天正《てんしょう》元年（一五七三）十一月二十四日、京都妙覚寺《みょうかくじ》で信長の茶会が催された。招かれた客は、堺の代官松井友閑《ゆうかん》と今井宗久、山上宗二《やまのうえそうじ》だった。この席で宗易は濃茶の点前《たてまえ》を行った。概要は次のようだった。

一　御床《おんとこ》　大軸《おおじく》の月絵

一　御炉《おんろ》　半鶴くいの御釜《おかま》

一　御台子《おんだいし》　白天目《はくてんもく》

一　御炭入《おんすみいれ》　瓢箪《ひょうたん》

御膳部　本膳　木具《きぐ》足打《あしうち》

雉《きじ》焼きて　茎汁《くきじる》

鯛の青なます　飯

たこ

二の膳

うど　鮭焼物　鱈《たら》汁

にしの壺煎《つぼいり》

すし　桶　冷汁

三の膳

かまぼこ　いり酒　うけ入汁

鯉のさしみ

生貝《なまがい》　雁汁《がんじる》

白鳥《はくちょう》の御汁　鶉《うずら》の焼き鳥

御菓子九種　美濃柿　こくし椎茸　花すり

むき栗　きんかん　ざくろ

きんとん　結昆布《むすびこんぶ》　いりかや

〔註〕　青なます（菜を入れた青酢を使ったなます）　壺煎（つぼ焼きに同じ）　冷汁（つめたく冷やしたみそ汁）　いり酒（室町時代末期からあった調味料で、古酒に削りぶし・梅干・たまり醬油少量を入れて煮詰めこしたもの）　うけいり（すまし汁に魚のすり身を入れたもの）

信長が足利義昭を追放する一方、朝倉氏および浅井氏を討って反体制を抑え、権力を手にしかけていた時期に行われた茶会である。この頃、信長は茶道具の鑑賞に主眼をおいていたといわれる。

相国寺の茶会

もう一つは、天正二年（一五七四）四月、京都相国寺《しょうこくじ》で行われた茶会である。この茶会が注目されるのは、その年の三月二十八日に聖武《しょうむ》天皇の遺品である名香木「蘭奢待《らんじゃたい》」の拝領を願い出て許され、一寸八分（約五・五センチ）を切り取って賜ったのである。これは、足利義政以来のことで、一大事といってよい。信長は、いまだ宿敵武田氏がいたとはいえ、近畿および中部を掌握し、天下統一が近いということを世間に知らしめるために願い出たと思われる。この香木「蘭奢待」は、現在でも正倉院に所蔵されていて、信長以後は徳川家康が拝領したのみである。「蘭奢待」を拝領した信長は、その五日後の四月三日、津田宗及と千宗易の二人に「蘭奢待」一包みずつを分け与えた。その理由は宗及と宗易それぞれが名物の香炉を持っていたからだという。天下にその名が知られているほどの香炉を持っている茶人に対する敬意であろう。四月三日急きょ開かれた昼の茶会をみよう。

一　床　玉澗筆《ぎよくかん》　万里江山《ばんりこうざん》の絵
　　長盆に初花《はつはな》の茶入
一　風炉《ふろ》　小板にのせた頬当風炉《ほほあて》　五徳《ごとく》を据え　平釜《ひらがま》をかける
一　茶杓《ちやしやく》　珠徳作の竹茶杓

この茶会のあと、細かく切った「蘭奢待」を扇の上に載せて下されたという。金ではなく権力がないと手に入れることができないものを堺の有力茶人二人にあたえて、堺全体を引き入れようとしたのではないかという考えもある。

口切の茶会

次に、天正六年（一五七八）九月に行われた口切《くちきり》の茶会について述べよう。このときも「俄《にわか》なり」と書かれているところをみると、思い立ったらすぐに実行に移すという傾向があったのだろう。

一　床　船子絵　かぶらなし薄板《うすいた》に　紫菊をいけ申候
一　台子　文琳《ぶんりん》　四方盆《しほうぼん》
一　釜　ふとん　風炉に　桶《おけ》　合子《ごうし》　柄杓《ひしゃく》
一　籠《かご》の台　天目《てんもく》　せんこう茶碗に茶せん入れ
　お茶過ぎて、香炉・香合、長盆に
　　書院にて御菓子参候
九種　みずから　かや　椿餅《つばいもち》　きんかん　打栗《うちぐり》
　からすみもどき　油物《あぶらもの》　すいとん　ざくろ
〔註〕みずから（昆布でつくったもの）　油物（油で揚げたものか）　すいとん（だんご汁のようのもの）

この茶会は京都で行われ、前関白近衛前久《このえさきひさ》や宮内卿法印《くないきょうほういん》（松井友閑）、佐久間右衛門尉、滝川左近丞、細川右京大夫ほか多数が招かれた。場所はおそらく新築の二条御殿だったのではなかろうか。信長が次第に権力を増していく時期の茶会である。

このほかにも信長が茶の湯を行った記録がある。茶会記というかたちではないが、天正八年（一五八〇）頃から、新年に年賀の挨拶に出向いたときに「上様より生鶴拝領いたし」という記事が見られるようになる。江戸時代の記録では「鶴は鳥の中でもっとも重んぜられるもの」と記されているが、信長の時代から権威付けの意味を持たせるようになったのではなかろうか。

信長と利休

利休が信長の茶頭《さどう》（茶事を取り仕切る人）になったのは、『信長公記《しんちょうこうき》』の天正三年（一五七五）十月、京および堺の茶人一七人を招いて、京都の妙光寺で茶会を開いていて、そのときの記録に「茶頭者宗易（利休）」とあることでわかる。

信長は、天正十年（一五八二）本能寺で明智光秀《あけちみつひで》による裏切りによって殺されたが、その当日も茶会を開いていたという。そして、切腹した信長は東山伝来の名物茶器とともに焔に包まれた。茶を愛した信長らしい最期である。

大坂城の秀吉の茶会

豊臣秀吉の時代になると、権威を示すための茶会が行われるようになる。聚楽第《じゅらくてい》の建築（一五八六〜八七）や、天正十五年（一五八七）十月、八〇〇人余が拝服したといわれる北野大茶会の開催などである。北野の茶会には、黄金の茶室（茶席）が作られ、秀吉の収集した名物茶道具が並べられ、家臣をはじめ公家衆、茶人たちに披露して得意満面だったといわれている。この茶会より九ヵ月前の正月三日（一五八七）、大坂城において秀吉主催の茶会が開かれた。このときの献立を、招かれた筑紫《つくし》の茶人神谷宗湛《かみやそうたん》（一五五一―一六三五）の日記『宗湛茶湯日記』からみよう。

当日朝、午前六時に津田宗及老が出頭し、関白様（秀吉）に対面した。会は次の通りである。

一　鮭なます　大根白髪はららこ　柚加えて
一　生鶴《なまづる》御汁　ふくさに上置《うわおき》なし
一　大このこ桶　金銀の上に緑青《ろくしょう》小角《こかく》ニ
一　鮭焼き物　輪切りニ
一　めし
一　かないろニ汁をつぎて衣引候
一　御酒一辺　上戸は汁椀にて思い思い飲み候
御菓子　打栗　仙餅《せんもち》扇形に切りて白青色ニ　いりかや

招かれた客は大名衆など五、六〇人だった。この献立に生鶴の汁がある。生鶴とことわりがあるところをみると、塩漬けではなく新鮮な鶴をその時のために用意したのである。正月のもてなしに鶴を用いる風習はこのとき以降に始まったのかもしれない。

贈答された高級食品

前に、江戸後期の臼杵《うすき》藩の祐筆《ゆうひつ》が記した奥日記一一六年分を読んだことがある（『隠居大名の江戸暮らし』吉川弘文館、一九九九年）。それには、年中行事や日記の主人公の動静、そして贈答品の記録があって、とくに贈答品はどのような場合に、何を、どのくらい贈るかまたは贈られるかが記されていた。こうした記録は、後々の参考とされるため必要なものだった。

将軍への献上儀礼

贈答を繰りかえす中世社会

中世において、公家や武家はほとんど毎日のように膨大な量の贈答を繰り返していた。この贈与の風習による商品需要は非常に大きかったといわれている。中世特有の贈答について述べよう。鎌倉幕府の重要な正月儀礼である「垸飯《おうばん》」の将軍への献上や、武家からは太刀《たち》、馬、瓜、鳥、水産物の献上、寺へは扇、紙、油煙《ゆえん》（墨）などと贈答はほぼ決まった品が多かった。

垸飯とは

垸飯は、食膳の様式の一つで、強飯《こわめし》を高盛にした椀を中心に副食物として打あわび・梅干・くらげ・酢・塩と酒をそえたものが一般的だった。

垸飯を献上することは、中世においては幕府の正月儀礼として重要な意味をもっていた。その初見は治承《じしょう》四年（一一八〇）十二月、源頼朝《みなもとのよりとも》の新邸落成祝いに三浦義澄《みうらよしずみ》が献上したのが最初である。

『吾妻鏡《あずまかがみ》』によれば、鎌倉中期以降、正月三が日に行われることが定例化し、当時は北条氏一族が勤めた。垸飯の献上は、従者が主人の屋敷に出向いて行われていた。

室町時代になると次第に華やかになる一方、形骸《けいがい》化したとされる。年頭の一日は管領《かんれい》（役人）、二日は摂関家や足利氏と深い関係にある寺院、三日以後は六家（斯波《しば》・赤松・山《やま》名《な》・細川・京極《きょうごく》・畠山《はたけやま》）などが行ったが、応仁《おうにん》の乱以来すたれたとされている。

ところが、応永のはじめ頃に復活し、『教言卿記《のりときききょうき》』（中納言正二位山科教言、一三二八～一四一〇）の応永十三年（一四〇六）には元日に斯波・細川・畠山ら、時の管領が献じ、二日には土岐《とき》氏、三日には佐々木氏、七日には赤松氏、十五日には山名氏が行ったとある。

一時期、絶えていたのは八代将軍足利義政とその弟義視《よしみ》、義政の子義尚《よしひさ》がからんだ内紛、さらに畠山、斯波両氏の相続争いを契機に細川勝元《ほそかわかつもと》、山名宗全《そうぜん》の二大勢力の激突（応仁の乱）によるまさに戦国の不安定な時代のためだろう。しかし、『実隆公記《さねたかこうき》』の長享《ちょうきょう》二年（一四八八）元旦に「御強供御例年《おこわくご》」とあるのは、垸飯であると思われる。この「御強供御」の記事は、天文《てんぶん》三年（一五三四）まで続いている。

地方の垸飯

この風習は地方においても行われていた。豊後《ぶんご》の守護大名大友家の『当家年中作法日記』（『編年大友史料』）に垸飯を行っていたことが記されている。この資料の年代は書かれていないが、前書きに「大友義一氏蔵本より写了。大友家の年中行事也。これは奥書に明示せる如《ごと》く、文禄《ぶんろく》四年（一五九五）十月、常陸《ひたち》国水戸に幽閉中の大友吉統《よしむね》入道中庵宗巌（義統）が調査作成せる記録也」とあるので、中世末期の豊後国の様子を示しているものと考えられる。

大友氏の垸飯は、元旦直入《なおいり》郷（大分県竹田市直入町）より、二日緒方《おがた》庄（大分県緒方町）より、三日は高田《たかだ》庄（大分県豊後高田市）よりというように、都《みやこ》で管領という役人たちに賦課していたのにならって、所領内の各地区に割り当てている。また、七日には笠和《かさわ》郷（大分市）、十五日は山香《やまが》郷（大分県杵築市山香町）、また、十月の亥の子の節句にも笠和郷

(前出)から垸飯の献上があり、それを取り仕切っていたのは垸飯奉行《ぶぎょう》という役人だった。また、大隅《おおすみ》国の台明寺《だいみょうじ》に残されている「田地売券《でんちばいけん》」に、「守護所垸飯用途銭二十文」と書かれた記録があるところから、島津《しまづ》家においても同様に実施されていたらしい。守護所で垸飯がこのように行われたように、中央の風習が中世にすでに地方にまで浸透していたといえよう。

垸飯を幕府あるいは領主へ献上するという習慣は、その後記録がないところをみると、江戸時代には行われなかったのではなかろうか。ただし、近世になると、年頭に親類縁者が集まって酒宴を開くということに変化して、「垸飯振舞《おうばんぶるまい》(大盤振舞)」とか「節《せち》振舞」というようになって、その言葉だけ受け継がれている。

守護大名の贈答品

地方の大名たちからは、幕府や役人、公家などへさまざまな贈り物がなされた。金沢文庫の古文書からは、鎌倉後期に鎌倉で贈答が盛んだったことを示す文書が残されているという。

明の貿易品

当時の外国とのかかわりについて述べよう。その頃の外国とは、明《みん》（中国）、朝鮮、琉球（沖縄県）の三ヵ国である。

明との交流が始まったのは一三七〇年頃からで、足利義満《よしみつ》が正式に国交を結んだのは応《おう》永《えい》八年（一四〇一）以後とされる。それから日本および明双方から使節が行き来するようになり、貿易も始められた。はじめの頃の貿易船は、幕府の船だけだったが、永享《えいきょう》四年

（一四三二）からは守護大名や寺社からも船を出すようになり、天文《てんぶん》七年（一五三八）および同十六年（一五四七）は、大内氏の船のみで行われた。

まず、明との貿易の内実は、進貢貿易《しんこうぼうえき》（国王への贈り物）と、それに付随した公の貿易、そして私貿易の三通りがあった。私貿易とは、特定の守護大名や寺社・商人が行っていた。公的に明国から日本へもたらされたものは、白金・綿・糸・織物などだった。織物類は将軍の夫人たちへ贈られたようだ。私貿易では、生糸・絹織物・綿・布・薬草・砂糖・陶磁器・書籍・書画・銅器・漆器などだった。輸出された品は、永享四年以後は品目や数量がほぼ決まって、馬・太刀・鎧《よろい》・槍・めのう・金屛風・扇など一一種だった。

朝鮮・琉球の貿易品

朝鮮半島との交流は、多くのルートで行われていた。たとえば、室町将軍と朝鮮国王、諸大名と朝鮮国王、諸豪族や商人と朝鮮国王というようで、その取り仕切りを対馬の宗氏《そうし》が行っていた。

最初に朝鮮（高麗）から使節が来たのは、永和《えいわ》元年（一三七五）のことである。その後は、九州探題《たんだい》をつとめた今川了俊《いまがわりょうしゅん》（一三二五〜一四二〇）が二〇年余の間、この貿易に大きなかかわりを持つこととなったが、応永二年（一三九五）突如九州探題の役を解任された。今川了俊にかわって朝鮮貿易に乗り出してきたのが大内義弘《おおうちよしひろ》である。

大内氏は応永二年（一三九五）朝鮮に人を派遣した。その謝意を表すため朝鮮からは回《かい》礼使《れいし》が送られた。義弘が亡くなってからも、防・長の二州を統治していた大内氏によって、朝鮮との通交は続けられた。

朝鮮国からもたらされた品は、李朝の初期では虎の皮・豹の皮・貂《てん》の皮・麻布・人参・松の実・蜂蜜などだった。日本からの輸出品は国内で生産された銅や硫黄《いおう》、金などの鉱物で、一六世紀以降になると銀が多くなっている。他国からの中継品には染料や香料、薬材、陶器などがあった。

三番目に琉球との交流がある。琉球では、観応《かんのう》元年（一三五〇）中山王《ちゅうざんおう》が即位して、明と朝貢関係を結んだ。中国の商人たちは、海外で活動することを禁止されたため、琉球の商人を中継して貿易を行うようになった。また、琉球政府から室町遣使が三〜四年に一度行われ、将軍へ沈香《じんこう》、蘇木《そぼく》などの香薬類、南蛮絹、南蛮酒などが贈られた。また。中国銭ももたらされた。『蔭凉軒日録《いんりょうけんにちろく》』の文正《ぶんしょう》元年（一四六六）には「琉球国の貢物以後毎年……」という記事があるので、足利将軍の菩提寺《ぼだいじ》へまで献上品が届けられていたことがわかる。

琉球船は都に近い堺などよりも、九州に頻繁に来た。これは地理的にみても当然で、琉球ともっとも近い鹿児島の島津氏との関係は深かった。江戸初期に琉球を経由した将軍への献上品には、琉球産の泡盛や焼酎、芭蕉布、砂糖などがある。

贈答品には食物以外のものも多いが、当時の生活を知る手立てにもなるので島津氏および大内氏、大友氏の記録から見よう。

硫黄・沈香

まず、硫黄である。島津家文書の延文《えんぶん》元年（一三五六）二万五〇〇〇斤の硫黄を課せられたという記録がある。硫黄は火薬などの原料として用いられるために必要だったのかもしれない。

次に、沈香である。沈香とは、お香に用いる薫香材で、ジンチョウゲ科の木が水中に埋まって長年たつとその樹脂が固まり、火に入れると芳香を放つので、香料とするのである。インドあたりで産出されるので、日本へはるばる輸入されたと考えられる。その上質のものを「伽羅《きゃら》」といって珍重した。もちろん、現在でも貴重な品として香道で使われている。この沈香が応永二十年（一四一三）大内氏から公方《くぼう》様へ、文明《ぶんめい》十九年（一四八七）李朝《りちょう》（朝鮮のもと王室）から一〇斤（一斤＝六〇〇$^{グラ}_{ム}$）が大内氏へ贈られるなどしている。また三条西実隆の『実隆公記《さねたかこうき》』にも、永正《えいしょう》六年（一五〇九）禁裏《きんり》へ贈られたという風聞や、永正七年（一五一〇）大内氏の家臣から実隆公へ沈香一切というように公家たちへの贈り物にされている。さらに、永正十四年（一五一七）後法成《ごほうじょう》関白太政大臣近衛尚通《このえひさみち》への進物七品の一つとして贈られているし（『後法成関白記』）、享禄《きょうろく》元年（一五二八）大内氏から禁裏へ沈香一〇〇斤（六〇キロ、『お湯殿の上の日記』）などほかにも享禄年間に各所への贈答にされた。また、島津氏の天文十五年（一五四六）には沈香三斤が近衛家へ、天正《てんしょう》十年（一五八二）には本能寺の変後蟄居《ちっきょ》していた前久《さきひさ》（前関白近衛前久）へ一〇〇両分というように、西国《さいごく》の諸大名からの贈り物に多い。この理由は、朱印船《しゅいんせん》による明（中国）との貿易および朝鮮との交易が西国大名たちに多く許可されていたからと思われる。

金子および唐物・布類

また、金子《きんす》も贈られた。永享元年（一四二九）大内義弘の弟盛見《もりみ》（一三七七〜一四三一）から醍醐《だいご》寺の大僧正満済に対して五〇〇〇疋（『満済准后日《まんさいじゅごうにっ》記《き》』）が贈られたのをはじめ、翌永享二年（一四三〇）には額が大きくなって同じく満済へ二〇万疋のお金が贈られた。寛正《かんしょう》年間（一四六〇〜六五）になると鵞眼《ががん》（鵞眼銭のこと、鳥目《ちょうもく》ともいう）、文明年間（一四六九〜八六）になると蜷川親元《にながわちかもと》へ三万疋、足利将軍の菩提寺相国寺《しょうこくじ》蔭凉軒へ一〇万疋などと額がさらに増えている。天文四年（一五三五）後奈良天皇の即位の折に、大内左京大夫義隆から二〇万疋が贈られたという風聞が『後奈良院宸記《ごならいんしんき》』に書かれている。こうした風聞が日記に記されているということは、それを以後の自身の参考としたものと思える。ちなみに、大内氏の盛見の時代の経済力は朝鮮貿易の影響で前の代を倍したという。現在山口市にある国宝五重塔は盛見が両親と兄義弘のために建てた香積寺《こうしやくじ》を移築したものである。

太刀や馬も献上された。武家からは、武具や馬を献上するのが決まりだった。馬の装具である「鞍」を贈ることもあったが、ここでは省略する。

盆、香合、青磁の茶碗、すずり、屛風なども贈られた。

図7　大内盛見の建てた香積寺の五重塔（現瑠璃光寺，山口市，筆者撮影）

室町時代の僧侶の日記『蔗軒日録《しょけんにちろく》』は堺の海会寺《かいえじ》（大阪府泉南《せんなん》市に史跡がある）の季弘大叔《きこうだいしゅく》の日記であるが、その文明十七年（一四八五）、同十八年（一四八六）には、「明から唐物《からもの》を積んだ船が着いた」という記事の中で唐物として「唐紙《からかみ》・唐筆・唐墨」などをあげている。もちろんこのほかにも「南物」ともあるので当時珍しかった品や日本より優れていた品が運ばれていたと思われる。当時の禅寺では貿易が行われていた。したがって、塗り物の盆や香合、青磁、すずり、屏風などを西《さい》国《ごく》の大名たちが手に入れ、それを贈りものとして使っていたのだろう。

布類では、絹織物、金襴《きんらん》、緞子《どんす》、毛氈《もうせん》、唐錦、唐糸などがみられる。金襴とは織物の一種で綾、紗《しゃ》などの横糸に、金箔を貼った紙を細く切って模様を織り出したものをいい、緞子とは地が厚く光沢の強い絹織物のことで、金襴も緞子も高級な織物のことである。当時は明（中国）の織物のほうが技術的に日本より勝れていたようで、たくさん輸入されていた。

豹皮・虎皮

豹の皮や虎の皮も頻繁に贈り物とされた。それは、豹や虎は日本に棲息していない動物であって、見たことのない美しい模様を珍重したからだろう。ちなみに、虎にはチョウセントラとベンガルトラ（インド）の二種があり、黄色に黒い縞模様は美しい。豹も朝鮮半島および中国に棲んでいて、黄色地に黒い斑点は美しい。

それを裏付けるように、豹や虎は朝鮮と関わりの深かった大内氏の応永三十一年（一四二四）から延徳《えんとく》二年（一四九〇）までの記録に多い（『李朝実録』）。応永三十一年には豹皮・虎皮とだけあるが、永享四年（一四三二）には豹皮二枚、虎皮四枚とその数が記され、その後この数ぐらいで定着したようだ。ただし、文安《ぶんあん》元年（一四四四）には、豹皮三、虎皮六となっていて所望したものかもしれない。このときは、博多に揚げられた荷物が山口の大内氏まで届けられたという。

これら朝鮮産の豹や虎の皮が大内氏へ贈られたのは、前述のように大内氏が朝鮮との通交をなかば独占的に行っていたことによる。応永三十一年（一四二四）に贈られた豹と虎の皮は、日本国王（足利将軍）が送った遣使に対して朝鮮から送られた回礼使が大内氏に献上したものである。『李朝実録』には、応永三十一年から延徳二年（一四九〇）までの間一八回、のべにして豹の皮三一枚、虎の皮四七枚が運ばれている。天文十年（一五四一）には、大内氏の家臣杉入道が石山本願寺へ虎皮一枚と毛氈を届けたと『石山本願寺日記《いしやまほんがんじにっき》』にある。本願寺で、敷物として使われたのであろう。

大内氏以外では天文八年（一五三九）から同十年（一五四二）にかけての大友氏の記録にある。大友氏の場合は、どのようにして虎皮を手に入れたのかはわからないが、いずれの記録も将軍家への献上品として用いられている。島津氏の場合には応永十七年（一四一〇）に将軍家へ贈ったのが一回のみである。

永禄《えいろく》十二年（一五六九）宣教師フロイスが織田信長《おだのぶなが》にはじめて謁見したときの信長の服

装は、虎の皮を腰に巻きつけていたという。

また天正三年（一五七五）十月、京都妙覚寺《みょうかくじ》にいた信長が、清水《きよみず》へ御成りになったとき振る舞いの礼状に対する返書に、虎皮五枚、豹皮五枚、緞子などの注文があった。信長の周辺には外来の文物がたくさんあることを知ってのことだろう。

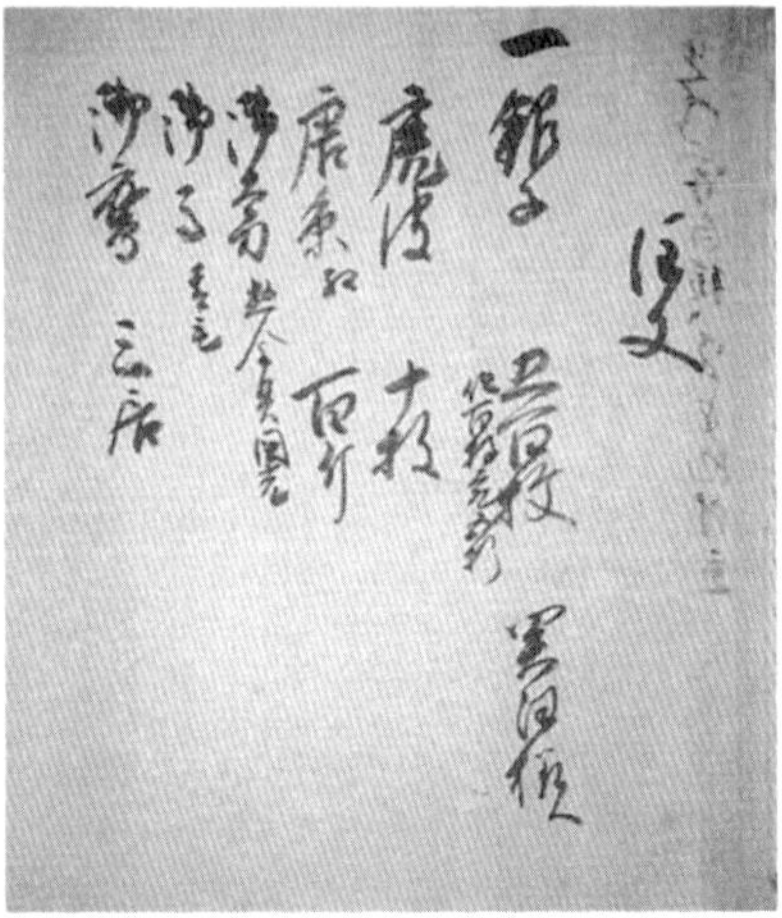

図8　秀吉へ毛利輝元からの虎皮の贈り物（山口県文書館所蔵「関白秀吉公江御進物之覚」）

秀吉の時代にも、虎の皮が贈られたことがある。このとき、秀吉は天下の統一に向かってすすんでいた。城郭風の大邸宅の新築はそのあらわれだった。秀吉は、昔の行幸に負けないほどの馳走をするように命じたという。翌日に行われた和歌の会のとき、摂家や諸門《もん》跡《ぜき》、その他への進物として絵や沈香、虎皮、盆などが贈られた。また、秀吉が聚楽第近くの毛利輝元邸へ御成りになった天正十六年（一五八八）のものと思われる進物覚にも関白（秀吉）への贈り物として銀子五〇〇枚、虎皮一〇枚、唐糸紅一〇〇斤、太刀、馬などがある（「関白秀吉公江御進物之覚」山口県文書館蔵）当時これらの皮はどのように用いられていたのだろうか。敷物にするほか、猩々皮《しょうじょうひ》（オランウータンの皮）は鉄砲の袋や道服にしたと毛利家文書にある。

先日、京都の南禅寺《なんぜんじ》方丈で襖絵《ふすまえ》に虎が描かれているものを見た。日本にいない動物を描くことができたのは、その皮から姿を想像したのだろうか。

瓜

食物に話題を戻して瓜について述べよう。室町時代には、五月から七月の間に幕府へ瓜を献上する慣わしがあった。この風習は当初は京都近隣の守護代から将軍家へ贈るものだったが、次第に広まって、将軍家の菩提寺相国寺鹿苑院《ろくおんいん》の公用日記『蔭涼軒日録』の永享七年（一四三五）に「大和瓜二荷」を賜ったというのをはじめ、北野神社や奈良の大乗院《だいじょういん》などの寺社からも、さらに公家の間でも瓜を贈りあっていた（『実隆公記』）。したがって、瓜の献上という記事にも、私的な贈答の場合と、将軍家や摂関家への公的な献上の二通りがある。五月ごろ「初瓜」としてその年はじめてとれた瓜、「江瓜」という近江《おうみ》産の瓜、丹瓜という丹波《たんば》産らしい記事もある。

贈りあう瓜の数は、文明年間（一四六九～八六）になると次第に増え、延徳二年（一四九〇）の『実隆公記』には、六〇〇もの瓜が届けられたとある。ただし、これは「御牧《おまき》」という食料の調達所の記録で、この瓜を方々へ贈ったのかもしれない。通常は、一折とか一荷、一籠という単位である。文明十三年（一四八一）守護代が足利将軍に贈った瓜は、三籠、一〇籠、二〇籠、三〇籠、五〇籠、一〇〇籠などとあるが、一籠の数がはっきりしないものの総数は増えていく傾向が見られる。また、将軍にとどまらず、将軍の父や母日野《ひの》富子《とみこ》にまで及ぶようになっている。

大量の瓜は、どのように消費されたのだろうか。おそらく、漬物すなわち現在いうところの奈良漬として年間用いられたと思われる。こうした瓜は京都周辺で栽培され、収穫期に京都へ運ばれた。その運搬にあたった人夫の数も膨大である。ちなみに、糟漬《かすづけ》瓜の初見は元大納言広橋家の所蔵本と思われる『類聚雑要抄《るいじゅざつようしょう》』の歯固《はがた》めの供物である。

多くの野菜が栽培されていた中で、瓜だけが現在の税に相当する扱いだったことは不思議な気もするが、腐りにくく運搬にも耐え、その用途も漬物として年中利用できることから、次第に多用されるようになったと考えられる。

松の実・人参

松の実もある。文安二年（一四四五）頃から、献上品の中に「松子七〇斤」（四・二キロ）とある。松の実は、朝鮮半島では滋養強壮剤として広く用いられており、そのまま炒ってつまみにしたり、料理ではあえ物などに用いられる。

人参とあるのは、もちろん朝鮮人参である。朝鮮人参がわが国にもたらされたのは天平十一年（七三九）だった。その後、中世になるとその薬効を頼って輸入されるようになり、貴人の病気治療用として用いられていた。

大内氏の人参の記録は、嘉吉《かきつ》三年（一四四三）が古いが量は記されていない。数量のあるのは長享《ちょうきょう》元年（一四八七）の三五斤（二一・一キロ）および延徳二年（一四九〇）の二〇斤（一・二キロ）である。人参については、朝鮮との貿易を行っていた大内氏の記録のみで、大友氏や島津氏には見られない。

甘葛・蜜

次に甘葛《あまずら》と蜜について述べよう。まず甘葛である。甘葛とは砂糖が入ってくる以前の甘味料で、冬季のツタの樹液を集めて煮つめたものである。無色透明な蜜状をしていて、その甘みはくせがなく、とてもおいしい。

甘葛の初見は、奈良時代にまでさかのぼることができ、『薩摩国正税帳《さつまのくにしょうぜいちょう》』（七三六年）に大宰府《だざいふ》への献上品として三斗（二一・六リットル）、また『駿河《するが》国正税帳』（七三八年）に二斗（一四・四リットル）が交易品として見られるように、古くからある甘味料だった。時代が少し下って『延喜式《えんぎしき》』（九二七年）の大膳《だいぜん》の部には諸国から進貢される菓子として伊賀《いが》国（三重県）より甘葛一斗、遠江《とおとうみ》国（静岡県）より二斗、駿河国（静岡県）より二斗、伊豆《いず》国（静岡県）より二斗、越前国《えちぜん》（福井県）より一斗、越中国《えっちゅう》（富山県）より一斗、越後国《えちご》（新潟県）より一斗、丹波国（京都府中部）より六升、丹後国《たんご》（京都府北部）より一斗、因幡国《いなば》（鳥取県東部）より一斗、出雲国《いずも》（島根県）より二斗、備中国《びっちゅう》（岡山県）より一斗、紀伊国《きい》（和歌山県）より七升、阿波国《あわ》（徳島県）より一斗五升、大宰府（福岡県）は七斗、その他量は示されていないが加賀国《かが》（石川県）、能登国《のと》（石川県）、但馬国《たじま》（兵庫県北部）、美作国《みまさか》（岡山県）、備前国《びぜん》（岡山県）などほぼ全国的に甘葛が生産されていたことがわかる。

平安時代にはいると、禁中や大臣家でよく行われた大饗《だいきょう》の折に、禁裏からのお使いで甘葛を賜ることが例となっていたことは前にふれた。保延《ほうえん》二年（一一三六）に行われた大饗には薯蕷粥《いもがゆ》が出されている。当時の薯蕷粥は、山芋を薄く切って、味煎《みせん》（ツタの原液で、煮詰めると甘葛になる）をいれて煮込むもので、味煎を大量に使うので、天皇家や摂関家・大臣家などでの大饗にしかみられない。薯蕷粥は、大饗の最後に出されるもので、現在のデザートに相当するものと考えてよい。のちに、芥川龍之介が薯蕷粥を腹いっぱい食べたいというテーマで『芋粥』を著している。

甘葛研究家石橋氏の研究から引用させていただくと、甘葛の用途については奈良時代の甘葛は貢税および交易品の記録のみだが、平安時代および鎌倉・室町時代にはいると、用途を記したものが多く見られるようになり、薯蕷粥は一三資料（『倭名類聚抄《わみょうるいじゅしょう》』『西宮記《せいきゅうき》』『医心方《いしんほう》』『北山抄《ほくざんしょう》』『今昔物語《こんじゃくものがたり》』『江家次第《ごうけしだい》』『康平記』『類聚雑要抄』『厨事類記《ちゅうじるいき》』『故事談《こじだん》』『宇治拾遺物語《うじしゅういものがたり》』『続故事談』『三条中山口伝』）、引茶《ひきちゃ》は奈良時代の四資料（『蔵人式《くろうどしき》』『西宮記』『江家次第』『雲図抄裏書《うんずしょううらがき》』）、椿餅は三資料（『江家次第』『河海抄《かかいしょう》』『三条中山口伝』）、団喜《だんき》は一資料（『厨事類記』）、粉熟《ふずく》は三資料（『厨事類記』『原中最秘抄《げんちゅうさいひしょう》』『花鳥余情』）、粽《ちまき》は二資料（『延喜式』『北山抄』）、干棗《なつめ》は『厨事類記』に、かき氷・雪食いは二資料（『枕草子《まくらのそうし》』『古今著聞集《ここんちょもんじゅう》』）、菓子として『延喜式』および『類聚雑要抄』など多数に出てくる。

引茶という行事があった。春と秋の二回国家の安泰と天皇の平安を祈願するため、一〇〇人の僧を宮中に召し、大般若経《だいはんにゃきょう》を読ませる「季御読経《きのみどきょう》」という行事のときに僧侶たちに振舞われるもので、お茶と甘葛煎を賜った。さぞ、甘いお茶だったろう。

干棗に甘葛を使ったというのは、信じがたいような気がするが、干した棗はそれだけで十分に甘いのに、『厨事類記』には「蒸しては甘葛を塗る」ことを繰り返し行っている。粉熟、椿餅、粽は、いずれも甘葛煎を入れてこねるか、塗って作られ、団喜は丸く作ってゆでて甘葛を塗るとある。唐菓子には甘葛がたくさん使われた。

かき氷・雪食いは、清少納言の『枕草子』に「あてなるもの。（中略）削り氷《ひ》にあまづら入れて、あたらしき金鋺《かなまり》に入れたる」とあるように、真夏に「かき氷」を食べることは、あてなるものすなわち貴重品であると紹介されている。冷蔵庫のない時代であるから、まず冬の雪を氷室に貯蔵しておき、それを取り出して口にするという最高の贅沢だった。これを食べたのは、一条天皇の中宮定子《ていし》で、天皇家や貴族階級に限られていたようだ。また、前述のように保延二年（一一三六）の大饗には菓子の一種として出されている。

この甘葛が、中世に贈答品としてかなり出てくる。初見は「編年大友史料」にある正平三年（一三四八）宇佐宮五月会の供物甘葛煎一升である。次いで『蔭凉軒日録』の永享十一年（一四三九）で、宝福寺からの贈り物だった。このときは味煎（前述）とある。また、京都の三条西実隆《さんじょうにしさねたか》公の日記の文明十九年（一四八七）に「大内左京大夫政弘が禁裏へ甘葛一桶を贈った」と記されているほか、延徳元年（一四八九）にも三条西公を通じて禁裏へ一桶、明応五年（一四九六）にも「近日防州（大内氏）が上洛するので甘葛ほかを進上する」、同六年（一四九七）にも同様に贈られ、永正六年（一五〇九）には大内義興が甘葛一五両を豊原朝臣へ贈ったとある。宮中における甘葛の記録についてみると、文明十二年（一四八〇）、同十八年（一四八六）、延徳元年（一四八九）、延徳三年（一四九一）、享禄二年

（一五二九）と数年に一回程度みられ、天正三年（一五七五）を最後にみられなくなる。このほかにも、蜷川親元の日記中の文明十三年（一四八一）に「大内殿よりたびたびのお礼」として甘葛の記録がある。宮中のみならず、京都辺の目ぼしいところへも贈り物としたようだ。大内氏の記録に甘葛が多くみられることは、山口周辺で生産されていたのではなかろうか。いまでは、幻の甘味料となってしまった。

蜜も多い。嘉吉三年（一四四三）、朝鮮の使節からの贈り物に清蜜一〇斗（約一八リットル）というのをはじめ、翌四年（一四四四）にも一〇斗、文安二年（一四四五）にも一〇斗、同三年（一四四六）にも一〇斗、長禄三年（一四五九）にも一〇斗、文明六年（一四七四）には三斗、文明十一年（一四七九）、同十五年（一四八三）、長享元年（一四八七）に各一五斗が贈られている（いずれも『李朝実録』）。朝鮮半島からの輸入品に蜂蜜が多かったことは前に述べた通りである。

砂糖

奈良時代に鑑真《がんじん》和上によって蔗糖が伝えられたことは前にふれた。その後、甘葛や蜜を贈った時代を経たのちに砂糖が贈り物に用いられるようになった。まずは、一三世紀後半二度目の蒙古・高麗の大軍一四万人が来襲した弘安《こうあん》の役《えき》（元《げん》寇《こう》）に勝利したことの謝礼として、永正七年（一五一〇）大内氏の家臣竜崎中務《りゅうざきなかつかさ》が京都

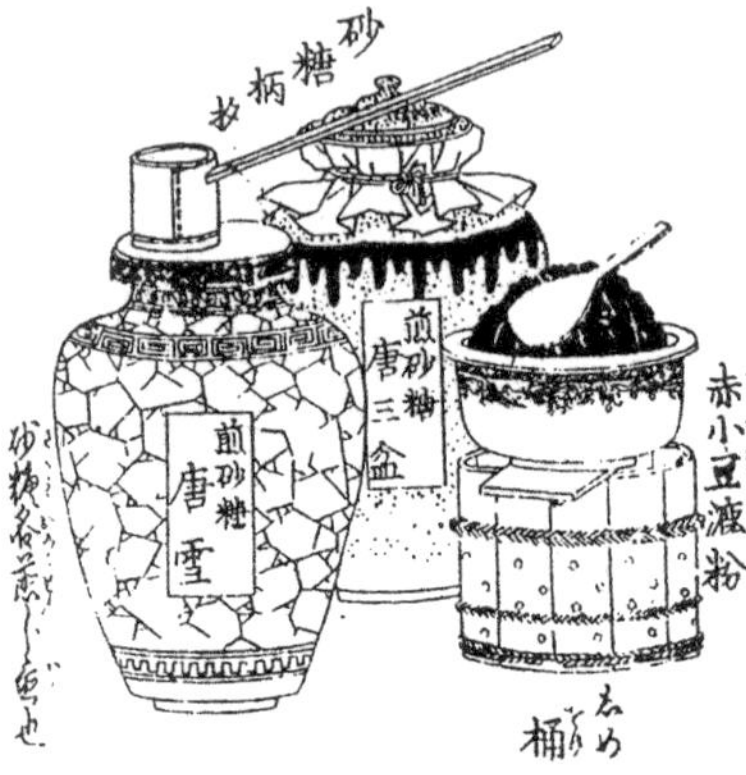

図９　江戸時代の砂糖

を訪れたときの手土産に砂糖一桶と茶碗を携えたと記されている（『実隆公記』）。これは、南蛮船がわが国に来航する以前の砂糖の記録として注目すべきである。この砂糖は、明国（中国）と交流のあった大内氏ならではといえるだろう。また、大友史料の天文九年（一五四〇）に大友義鑑《おおともよしあき》から京都の大館晴光《おおだてはるみつ》および伊勢貞丈《いせさだたけ》へ白砂糖が贈られたとある。大内氏・大友氏のいずれの記録も、天文十二年（一五四三）ポルトガル船が種子島に漂着して南蛮との交流が始まる以前のことなので、前述のように明国（中国）から運ばれたものであることは間違いない。

また、島津氏の場合は、応永十七年（一四一〇）と思われる資料に、島津元久《もとひさ》より後小松《ごこまつ》天皇へ沙糖（砂糖）が贈られているのをはじめ、島津氏の天正十七年（一五八九）の記録に徳川家康へ砂糖一〇〇〇斤、同十八年（一五九〇）一〇〇〇斤、さらに慶長《けいちょう》四年（一五九九）にも一〇〇〇斤、同十年（一六〇五）五〇〇斤、同十三年（一六〇八）二〇〇〇斤、同十五年（一六一〇）一〇〇斤というように、他の記録に比べて突出して砂糖が多い。琉球で黒砂糖が作られたのは慶長十五年（一六一〇）であるから、幕府へ贈られた莫大な砂糖は、おそらく貿易によって手に入れた品だろう。

また、このころには幕府以外でも砂糖が贈答に用いられることがあった。『証如上人日記』の天文十八年（一五四九）には、狩野法眼《かのうほうげん》という絵師に絵を描いてもらった礼の一品に砂糖二〇斤が贈られたとある。

紀伊へも砂糖が運ばれた。慶長二十年（一六一五）明の商船が紀伊へ来航したとき、その積荷陶磁器・織物・薬種などのほか砂糖があったと記されている。江戸初期でも、まだ珍しく貴重品だったので、贈答品として貴重な品だった。

では、中世にはどのように砂糖が用いられていたのだろうか。応永十七年（一四一〇）の砂糖の初見以後、伏見宮貞成《さだふさ》親王の日記『看聞日記《かんもんにっき》』では応永二十三年（一四一六）の茶会のとき舟の中で食物にいろいろな工夫をこらしたという。そのとき「沙は食物。雪。官人も桜の枝に星を（星はあられであらわす）、柳の枝に露を置く（露は食物、すなわち雪なり）、旗一流れを枝に（旗は昆布で作る）」と記されている。したがって、この時期にすでに雪のような白砂糖があったと思われる。

長禄年間には、足利将軍の菩提寺相国寺の『蔭涼軒日録』に点心《てんしん》という小食事に砂糖が添えられ、寛正六年（一四六五）にはサトウ羊羹（『親元日記《ちかもとにっき》』）、文正元年（一四六六）になると『蔭涼軒日録』や文明十一年（一四七九）堺の海会寺の記録（『蔗軒日録』）などに砂糖が贈答品として使われるようになっている。薬とともに贈られたとあるのは、苦い薬を飲みやすくするためだったと思われる。

宮中の場合には『お湯殿の上の日記』の延徳二年（一四九〇）に砂糖が見られ、また砂糖の値段については『蔭涼軒日録』の明応元年（一四九二）「泉里より取り寄せ、一斤二五〇目云々、三斤代一貫五〇〇文、ただし上等品ではない」とある。明応の頃には砂糖が流通していたことがわかる。時代が下って天正六年（一五七八）、奈良興福寺の僧英俊の『多聞院日記《たもんいんにっき》』には「山崎屋又四郎西国より帰り、砂糖……」とあり、西国には砂糖があることが示されており、天正九年（一五八一）には「堺にて買い来たるサタウ三斤の代、四三三文」とある。堺でも砂糖が売られていたらしい。

砂糖が贈答にたくさん使われるようになったことを証明するように、明応八年（一四九九）には『鹿苑日録』、永正七、八年（一五一〇、一五一一）には『多聞院日記』『実隆公記』など、京都の記録に多く見られるようになる。さらに天文年間には石山本願寺の『証如上人日記』や『大館常興日記《おおだてつねおきにっき》』、『言継卿記《ときつぐきょうき》』など多出している。
『条々聞書貞丈抄《じょうじょうききがきていじょうしょう》』（一五二八年）には原文を現代風にすると「砂糖羊羹とは、砂糖を入れて作った羊羹である。昔は甘葛を入れた羊羹や饅頭が普通だった」とあって、一五〇〇年初期には、砂糖を使った菓子があったことがうかがえる。

砂糖餅という記録は、『蔭凉軒日録』の文正元年（一四六六）檀那寺より贈られたのをはじめ、『山科家礼記《やましなけらいき》』の延徳三年（一四九一）に砂糖餅にて酒を飲むという記述、以下『鹿苑日録』や『実隆公記』『言継卿記』『証如上人日記』などにたびたび出てくる。砂糖も餅もハレのご馳走だったからだろうか。

江戸初期の『日葡辞書』には、砂糖、氷砂糖、黒砂糖、石蜜（氷砂糖のような固い砂糖）のほか砂糖羊羹、砂糖餅などがあげられているので、このころにはかなり普及していたと考えてよい。

焼酎・南蛮酒

焼酎や南蛮酒もある。焼酎が作られたのは中国の元《げん》の時代（一二七一〜一三六八）とされ、忽思慧《くしけい》によって著された『飲膳正要《いんぜんせいよう》』に「阿剌吉《あらき》」という酒が南方（雲南《うんなん》地方）から伝えられたとあるのが焼酎のことと思われる。日本では古くは焼酎のことを「荒木酒」といっていた。それは、中近東からインド、東南アジアに伝わる「アラック」という蒸留酒がその語源とされる。わが国における焼酎の初見は、『李朝実録』の応永三十一年（一四二四）、朝鮮の使節が大内氏へ贈ったもので「焼酒」とある。しかし、その後の記録は少なく、『証如上人書札案』の天文二十四年（一五五五）に「しょうちゅうにて盃」とあるが、島津義久の家臣の日記『上井覚兼日記』には永正十二年（一五一五）に琉球の使者から島津家へ南蛮国酒・唐酒（中国酒）・琉球《りゅうきゅう》焼酎（泡盛）が贈られたとある。

江戸中期の『類聚名物考』には「焼酎は焼酒の転音なり」と書かれているが、中国では「焼酎」という語はなく、「酒」を「チュー」と発音するので、焼酎という表現は日本で生まれたものである。いうまでもなく、焼酎は蒸留酒でアルコール度が高く、中世はもちろん江戸中期までそのような酒を作る技術を持っていなかった。したがって、この時代に記録があるのは、外国から運ばれたものと考えてよい。

南蛮酒という記録は、島津家文書の永正十七年（一五二〇）に島津氏が京都へ参着した挨拶として、太刀・鳥目・虎皮・毛氈・段子《どんす》・砂糖とともに贈られたとある。新村出《しんむらいずる》氏は南蛮酒というものはあらき酒のようなものだろうとしている。

石山本願寺の贈答品

精進料理

鎌倉時代のはじめ、栄西《えいさい》や道元《どうげん》によって禅宗が広められた。そして、宗教を信仰するだけでなく、仏法に従って、生き物を殺さないという殺生戒《せっしょうかい》を守って、植物性の材料だけで作った料理を中心とした食生活をする風習が定着した。

禅宗の寺の入り口に「葷酒《くんしゅ》山門に入るを許さず」という碑がたっているのを見た人も多いだろう。これは、禅宗の教えの一つで、「葷」とはねぎ、にら、にんにくなどにおいの強い野菜のことで、臭気が他人を苦しめ、自身の修行の妨げとなる。また、酒は心を乱すので、これらを口にした者は清浄な寺院内に入ることを許さないという意味である。昔は戒律がきびしかったが、近年では日常の食事には適用しない傾向がある。

魚鳥を用いない精進料理といっても、牛乳を使うことがある。牛乳は仏教では最高の美味としているようだ。現在では、精進料理の風習を伝えているのは、仏教式の葬儀の会食および黄檗料理くらいだろうか。

石山本願寺の食品贈答

本願寺は、肉食妻帯が許されていたこともあって、その贈答品は大変興味深いものがある。『石山本願寺日記（証如上人日記とも＝京都西本願寺第十世証如の記録）』および『私《し》心《しん》記《き》』（順興《じゅんこう》寺《じ》実従《じつじゅう》の記録）の両資料は、天文《てんぶん》元年（一五三二）から永禄《えいろく》四年（一五六一）、『証如上人書札案』は天文六年（一五三七）〜同二十三年（一五五四）、『鷺森《さぎのもり》日記』は天正十年、十一年（一五八二、一五八三）である。

石山本願寺は、明応《めいおう》五年（一四九六）堺の豪商の協力によって八二歳だった蓮如《れんにょ》（本願寺第八世）の隠居所として建てられた大坂坊がはじまりとされる浄土真宗の寺院である。蓮如亡きあと、天文元年（一五三二）から天正《てんしょう》八年（一五八〇）の間、証如《しょうにょ》および顕如《けんにょ》（京都本願寺一一世法主）が住寺していた。この頃は、寺院をも巻き込んだ戦いがたくさんあった。石山本願寺に関する史料は、織田信長対本願寺の抗争期にあたっているので、その方面からの興味もつきない。記録にある食品を見よう。

「肉食」が許されていたとはいえ、本願寺の記録には獣肉類は見られない。当時、公家などの間ではうさぎ、鹿、たぬき、怜羊《れいよう》などが食べられていたが、これらについては後述する。

鳥類でもっとも多いのは、雁《かり》、次いで白鳥である。そして、鶴や鶉《うずら》、しぎ、鴨、がちょうなどが散見される。雁は汁物のほかせんばいり、皮いりなどとして、白鳥はわざわざ「無塩《ぶえん》」と書いてあるものもあり、生の鳥が流通していたことを示している。

魚類は贈答にたくさん用いられた。もっとも多いのは鯛である。鯛は年頭の祝いをはじめ土産としてもよく使われた。播州《ばんしゅう》（兵庫県南部）の土産というのもある。明石《あかし》の鯛はその頃からの名物だったのだろう。干鯛も多い。生物の運搬が限られていた当時には当然ともいえる。これは、盆の祝儀用に光応寺から毎年のように決まって贈られている。

鯛に次いでは、鮭・塩引、はも、鯉などである。はもについては後述する。

そのほか珍しいものとしては、雪魚《たら》や鱶《ふか》、ぶりなどもある。天文十七年（一五四八）のしあわび一〇〇〇本、同二十年（一五五一）二〇〇〇本ともある。のしあわびは儀式や贈答のときの添え物として必需のものだったし、鯨《くじら》も天文五年（一五三六）をはじめ三回でてくるが、鯨については後述したい。

「つるべずし」も天文十三年（一五四四）をはじめ数回でてくる。吉野（奈良県）の名産として知られているこのすしは、鮎のなれずしで、釣瓶《つるべ》形の桶《おけ》に漬け込んだことから、つるべずしと呼ばれるようになった。天文二十一年（一五五二）、「せんばいり」というものがある。精進落としのときのことだが、大阪の郷土料理である船場煮や船場汁のルーツなのだろうか。

では、他の寺院の贈答と比べてみよう。足利将軍の菩提寺である相国寺の西堂「蔭凉《いんりょう》軒《けん》」の日記（『蔭凉軒日録』）および鹿苑寺（金閣寺）の日記（『鹿苑日録』）には魚鳥はきわめて少ない。これは、贈ることも贈られることもほとんどなかった。ただし、斎《とき》という午前中の食事で鯛・鮎の炙物《あぶりもの》や鯨汁などをたべているので、完璧な精進だったとはいえない。しかし、本願寺の場合は贈答にたくさんの魚鳥が用いられており、他の寺院と比べると例外的である。

中世の食文化を探る

往来物にみる食べ物

中世の教科書

中世に相次いで出版された往来物といわれる当時の教科書、『異制庭訓《いせいていきん》往来《おうらい》』(一三六六〜七二年ごろ)や『庭訓往来』(一三九〇〜一四〇三年ごろ)、『尺素《せきそ》往来《おうらい》』(一四〇〇年代はじめ)には、多くの食品やその加工品、料理法などが記されている。この三つの資料は年代も近く、食品には重複しているものもあるので三書をまとめて次に述べる。

魚肉類

獣鳥肉類では鹿、猪、狢《まみ》(むじな)、狸、熊、兎、羚《かもしか》、猿などのほか「長門の牛」というのもある。牛は食用であったのかはわからない。鳥類では雁、鵠《くぐい》、雉、鶉、鴫《しぎ》、鷺《さぎ》、鶴、鴨、ひばり、つぐみ、鴛《おしどり》、山鳥、水鳥、雀など、加工品では干鹿、干兎があげられている。中国料理の珍品熊の掌《たなごころ》（手のひら）もある。

魚類では鯉、鯛、すずき、鰹、まな鰹、腹赤《はらか》、鰺《あじ》、鯖《さば》、ぶり、太刀魚《たちうお》、はも、名吉《なよし》（ぼら）、飛び魚、いしもち、このしろ、いわし、鮭、鱒《ます》、鮪《まぐろ》、王余魚《かれい》、鯨、いるか、さめ、氷魚《ひお》、鮎、鮒、はえ、雨の魚、石臥《いしぶし》（淡水魚）、ひしこ、うなぎ、なまず、いか、たこ、牡蠣《かき》、海老、かに、あわび、さざえ、にし、はまぐり、しじみ、ほやなどのほか「わに」というものもある。「わに」とは、山陰地方で「さめ」のことをさすので同じかもしれない。魚類加工品では干たこ、鮎の白干、鮭塩引、荒巻（新巻とも）、鯖の塩漬、鱒の楚割《すわやり》、のしあわび、するめ、干いるか、鰺のすし、このわた、うるか、かに味噌など。海藻類では昆布、わかめ、あらめ、みる、青のり、とっさか、心太《こころぶと》（ところてん）、もずく、神馬藻《ほんだわら》、ふのりなどがある。

野菜

野菜類ではちしゃ、くくたち、ごぼう、大根、蕪《かぶら》、茄子、きゅうり、とうがん、れんこん、みょうが、えんどう豆、薯蕷《しょよ》（やまいも）、野老《ところ》（やまいも）、むかご、くわい、たけのこ、松茸、平茸、しめじ、なめすすき、木の芽（山椒《さんしょう》の芽）など、野菜の加工品には干だいこん、干松茸、干たけのこ、かぶの酢漬けがある。果物ではなつめ、茘枝《れいし》、竜眼、生栗、搗栗《かちぐり》、瓜、杏《あんず》、梅、すもも、桃、柑子《こうじ》、楊梅《ようばい》（やまもも）、びわ、橘、温州橘《うんしゅうきつ》、きんかん、柚《ゆず》、いちご、柿、串柿、ざくろ、りんご、梨、くるみ、椎、ぎんなんなどがある。沢茄子《みずなすび》は『庭訓往来』では菓子に分類されている。

点心・菓子・茶の子

点心類には水繊《すいせん》、糟《そう》けい、猪羹《ちよかん》、羊羹、砂糖羊羹、鼈羹《べつかん》、驢腸羹《ろちようかん》、笋羊《じゅんよう》羹《かん》、海老羹《かいろうかん》、白魚羹《はくぎよかん》、寸金羹《すんきんかん》、月鼠羹《げつそかん》、雲鱣《うんぜん》羹、水晶包子《すいしようほうず》、駱駝蹄、饅頭、砂糖饅頭、三峰《さんぼう》せん、乳餅《しゅうびん》、索餅、焼餅、巻餅《けんびん》、温餅《うんびん》、鈎煎餅《まがり》、糒《ほしいい》、粽《ちまき》、伏兎《ぶと》、善哉《ぜんざい》、こん飩《とん》、基子麪《きしめん》、饂飩《うんどん》、索麪《そうめん》（素麺）、打麪、冷麺、竹葉麪、水団《すいとん》、紅糟《うんそう》などが点心、菓子、茶の子としてあげられている。たとえば茘枝や竜眼は『異制庭訓往来』では菓子にあげられているが、『尺素往来』では茶の子に分類されるなどその区別はむつかしい。ここにあげたものの読みをみると、やはり中国から伝えられたものがほとんどであることがわかるだろう。「餅」を「ぴん」と発音するなどもその一例である。

これらの点心・菓子・茶の子は、羹（汁のある煮物）の類、饅頭、餅、麺、だんごなどがあるが『庭訓往来』には客用に伏兎、鈎煎餅、焼餅、しとぎ、おこし米、索餅、糒、ちまきを用意するようにとしている。これは別に取り上げられているところをみると、特別な点心だったのかもしれない。今では作り方はもちろんのこと、読み方さえわからなくなっているものもある。

その他としては砂糖、飴、甘葛煎、唐醤、和泉酢、粟餅、黍《きび》餅、とち餅、しとぎ、おこし米、ほしいい、麩、豆腐の揚げ物、油物（不詳）、唐納豆、乱糸、万金、藍子《あいご》などや、地名のわかるものには淀の鯉、近江の鮒、周防《すおう》の鯖、松浦の鰯、蝦夷《えぞ》の鮭、越後の塩引、隠岐《おき》のあわび、宇賀の昆布、西山の心太、長門の牛、備後《びんご》の酒、和泉酢、筑紫米、鞍馬の木の芽漬、若狭《わかさ》の椎《しい》、宰府《さいふ》の栗など当時からブランドに地名を冠したものがあった。

このように見てくると、室町時代には豊かな食材が出回っていたことがわかる。では次に個々の食材について述べよう。

魚　類

長享三年（一四八九）、多治見備後守《たじみびんご》貞賢と奥書のある『四条流包丁書』に、中世における食品のランク付けがある。少し長くなるが魚の部分を引用しよう。

魚のランク付け

美物《びぶつ》（おいしいもの）上下の事　上は海の物、中は川の物、下は山の物である。一応そうした定めはあるが、雉《きじ》に関してだけは別に決まりがある。川の物を中にしているけれども、たとえ海の物でも、鯉にまさる海の魚はない。そうはいっても鯨《くじら》は鯉よりも先に出してもかまわない。それ以外は鯉を上位にして置くべきである。鮒またはその他の雑魚《ざこ》といった川魚については、海の物をその下位に据えてはいけない。辛螺《にし》などの巻き貝の場合は、亀足《きそく》（飾り）のある時は、そう厳格でなくとも少し心掛けがあればよい。

このように、海の物が上位ではあるが、鯉はすべての魚の最高位であると記されているので、鯛よりも格が上だった。鯉が珍重されたのは、中国大陸の黄河《こうが》を上って竜門までたどりつけるのは、鯉だけであるという言い伝えから、祝魚となったという。

食材の上下について、このような決まりがあるのだから、それをわきまえて膳組みをする必要があった。料理人もかなりの知識をもっていなければならなかった。

中世以前に鯉が料理に用いられた記録は、永久《えいきゅう》四年（一一一六）に行われた東三条殿の内大臣就任を祝う大饗《だいきょう》で、鯉鱠《こいなます》および鯉盛立がみられる。盛立とは刺身のようなものだろうか。また、元永《げんえい》元年（一一一八）宇治平等院へ御幸《みゆき》の際にも鯉鱠や鯉味噌汁がある。

鯉

では、中世の記録にどのような魚が用いられているかをみよう。まず、鯉から述べる。鯉を贈答に用いたもっとも古い記録は、嘉元《かげん》三年（一三〇五）上賀茂《かみがも》神社の遷宮《せんぐう》のときである。供物として用いられたと思われる。次いで、『教言《のりとき》卿記《きょうき》』の一四〇〇年初期に多出するのをはじめ、正長《しょうちょう》二年（一四二九）および永享《えいきょう》四年（一四三二）、六代将軍足利義教《よしのり》が伏見宮貞成《さだふさ》親王に贈ったという記録がある（『看聞日《かんもんにっ》記《き》』）。伏見宮貞成親王は、後小松《ごこまつ》天皇の子だったが、称光《しょうこう》天皇が譲位を認めなかったため、父後小松天皇は貞成親王を出家させて譲位させようとした。しかし、親王の気に沿わずいやいやの出家となった。その間、民間の風習など見聞することがあって、その頃の日記には豊かな食生活が見受けられる。説明が長くなったが、貞成親王に対しての贈り物のなかに「室町殿より美物……」とあり、その中に鯉があるのである。鯉は、将軍が宮家へ贈るものの一つだった。

また、足利将軍の家臣蜷川親元《にながわちかもと》の記した『親元日記』の文明《ぶんめい》十五年（一四八三）には、織田大和守から細鯉五〇〇本が贈られたとある。小さな鯉だったのかもしれないが、五〇〇本とは驚く数である。

鯉の包丁式

鯉の包丁という記録もある。『言継卿記《ときつぐきょうき》』の天文《てんぶん》二十二年（一五五三）六月のことで、高橋雅楽助《うたのすけ》宗衡による鯉の包丁式があった。言継卿は、山科《やましな》一族である。足利将軍家に仕え、歴代の人びとは内蔵頭、中将、中納言などの役職をつとめ、言継は大納言まで昇進した。そして、宮中の衣服や調度を管理する立場だった。儀礼をつかさどるのであるから、宮中での包丁式について記したものと思われる。

鯉の包丁式とは将軍の御前で鯉を切ってまな板に並べるもので、御覧にいれる御前料理の魚は鯉に限られていた。包丁式は年頭や慶事のときに参会者の前にまな板を運びだして料理の型を披露するという一種のデモンストレーションである。鎌倉末期の『徒然草《つれづれぐさ》』には「鯉ばかりこそ、御前にても切らるるものなれば、やんごとなき魚《うお》なり。鳥には雉さうなきものなり」と鯉に一目置いている。

また、『古今著聞集《ここんちょもんじゅう》』（一二五四年）には、「文治《ぶんじ》の頃（一一八五～八九）後徳大寺《ごとくだいじ》氏が左大臣のとき、徳大寺の亭《てい》に池を作って、中御門左府を招いたところ、お出でになった。（中略）酒宴があって縁側に出、鯉を切った。参会者は「鯉の切り方は知っているけれども、食べ方は知らない。食べてみせてほしい」といった」とある。このことからもわかるように、鯉の料理には切り方、食べ方など故実《こじつ》があって、公家仲間で流行していた。

包丁式は、当初皇室の行事だったようだが、将軍家でも行われるようになった。その切り方は江戸初期の料理書に詳しく図示されてお

図10　包丁師（『和国諸職絵尽』）

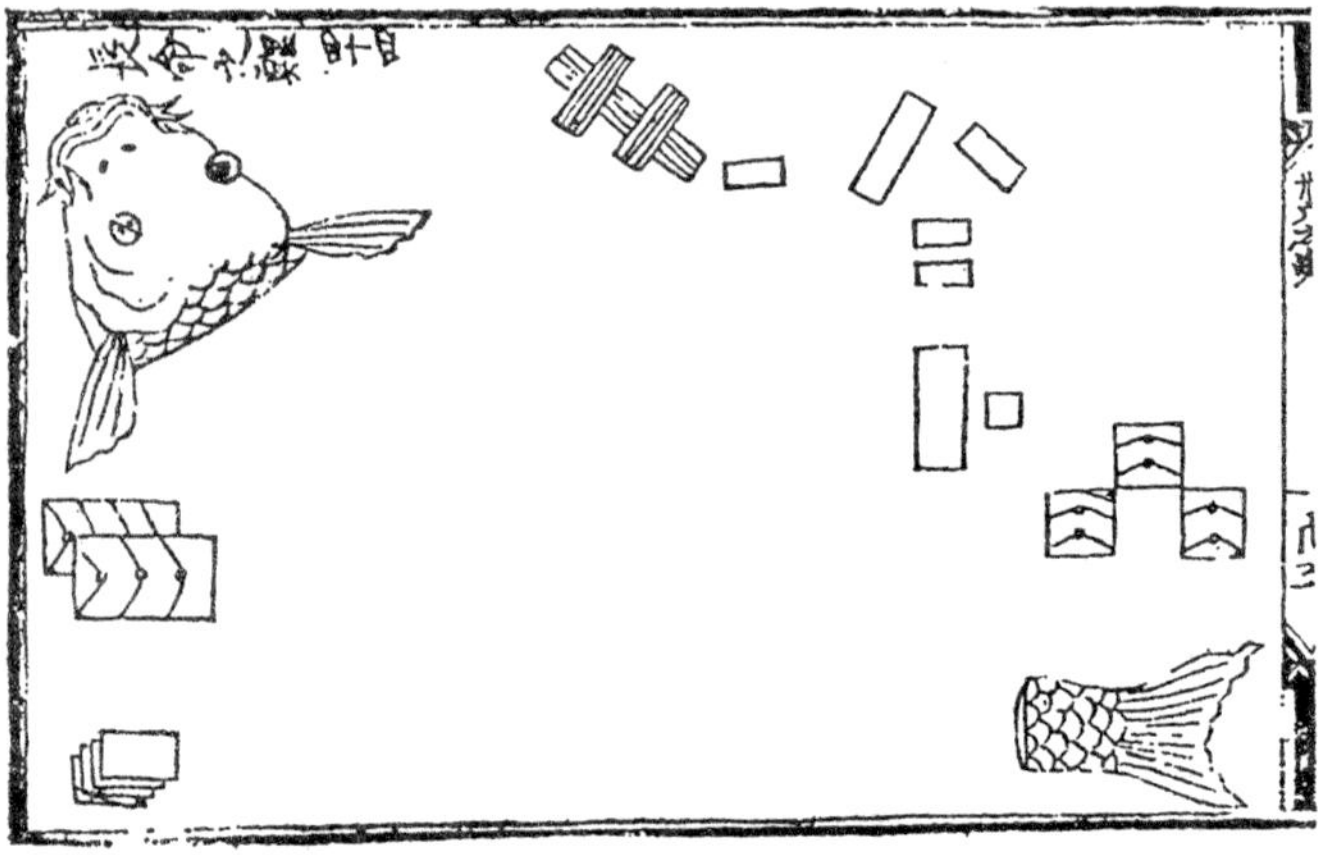

図11　長命の鯉（『三十六の鯉』）

り（『江戸料理集』一六七四年、『大草殿より相伝の聞書』一六八二年）、四条家の秘伝と奥書にある『料理切形秘伝抄』（一六四二年）には、三六通りの鯉の切り方が示されている。三六通りには、初雪の鯉、雪の朝の鯉、月見の鯉など季節にかかわるものや、出陣の鯉、元服の鯉、袴着の鯉、婿取り嫁取りの鯉など人生儀礼の折々にこのような形で行われていたらしい。同内容の『三十六の鯉』（年不詳）という資料が、島津家文書に『鯛《たい》鱸《すずき》真鰹《まなかつを》王余魚《かれい》切形《きりかた》』として所蔵されている（尚古集成館蔵）。こうした規式にかかわるものが大名家にも必要だったのだろう。この中には、たこの切り方もある。いろいろな魚でたのしんでいたのかもしれない。

　鯉の包丁式は、近年ちらほら再現されるようになった。昔さながらに正式の儀礼のときの衣装で行われているらしい。

また、当時鯉がどのように料理され食べられていたかについて、料理法のわかるものでは刺身、汁などだった。

鯉の産地はどこだったのだろうか。室町の初めに書かれた『庭訓往来《ていきんおうらい》』には、京都へ運ばれた食品の一つに「淀の鯉」があげられている。江戸時代になってからも、『進物便覧《しんもつべんらん》』（一八一一年）の京土産・大坂土産にも淀の鯉がある。諸国の名物を記した『毛吹草《けふきぐさ》』（一六三三年）には畿内の産物とある。畿内とは、当時の首都周辺の四ないし五ヵ国をいった。具体的には現在の山城《やましろ》、河内《かわち》、大和《やまと》、和泉《いずみ》、摂津《せっつ》をさす。したがって、淀の鯉とは京都から大坂まで流れる淀川でとれた鯉のことといってよい。その味については『本朝食鑑《ほんちょうしょっかん》』（一六九五年）に全国一であると記されている。

鯛

鯉や鯛は、平安時代から好んで食べられており、『延喜式《えんぎしき》』（九二七年）にも「鯛の脯《ほじし》」（干物）がみえる。現在、日本人が一番格上と考える魚は鯛かもしれない。その理由は、赤い色や姿・形のどれをとっても美しく、淡白な味も好まれるからだろう。また、語呂合わせで祝いの意を表す「めでタイ」にかけているともいわれる。

図12　鯛の乾燥風景（筆者撮影）

中世以前の鯛の記録は、鯉の頃でふれたと同様に東三条殿の大饗（一一一六年）に鯛盛立、元永元年（一一一八）宇治平等院御幸には鯛鱠、鯛平焼、保延《ほうえん》三年（一一三七）仁和寺《にんなじ》殿が競馬の御幸をしたときにも干鯛および鯛平焼がみえる。また、室町初期の『庭訓往来』にも鯛がある。

中世の日記などにある鯛は、まず無塩《ぶえん》鯛（『言国卿記《ときくにきょうき》』文《ぶん》亀《き》元年＝一五〇一）というのがある。無塩とは鮮魚すなわち生ものをいう。無塩とわざわざ書かれているのは、氷や貯蔵方法の限られていた当時では、きわめて珍しいものだからだろう。播磨《はりま》鯛（『親元日記』寛正《かんしょう》六年＝一四六五）というのもあるが、明石《あかし》あたりのものだろうか。

しかし、ほとんどは単に鯛と書かれたものと、塩干物とおもわれる荒巻や干鯛である。とくに干鯛は、江戸時代になっても年中行事や儀礼の贈りものとして必須のものだった。たとえば、臼杵《うすき》藩江戸屋敷の日記には、江戸後期になっても年始のあいさつ用に相互に贈りあっている。干鯛の初見は、『教言卿記』の応永《おうえい》十二年（一四〇五）、病気快癒として贈られている。このように中世から贈答品の一つだった。同じく『教言卿記』の応永十四年（一四〇七）には、盆の祝儀として二〇枚が細川殿より贈られ、『看聞日記』の永享《えいきょう》四年（一四三二）には、室町殿（将軍）より美物一四種類のうちの一つとして三〇枚が贈られるというように、中世から重要な贈答品であり、元服の祝いとして贈られることもあった（『山科家礼記《やましなけらいき》』文明《ぶんめい》九年＝一四七七）。

干鯛は、現在でも伊勢神宮の御料用として、愛知県南知多《ちた》郡篠島《しのじま》にある御料干鯛調整所で作られている。篠島は伊勢神宮の神領である。干鯛の製法は、神様への供物であるから、身を清めた島の男衆が白装束で作業をする。鯛は塩漬けにして、島の神社の一角にある小屋で貯蔵されていた。この鯛を塩だししてから、海辺で干して干鯛にする。

その他の鯛では、鯛汁、鯛のすし、鯛のなし物（塩から）、鯛酒浸《さかびて》、焼き物などがある。すしはもちろんなれずしである。

汁物で鯛を振舞うのは、江戸時代の臼杵藩の記録にも多くみられる。それは、文政《ぶんせい》四年（一八二一）閏一月一日、一二代稲葉尊通《たかみち》の家督相続後の初お目見に、老中以下役人のほか医師や一五歳以上の嫡子に対して初座一五四人、後座一四七人に鯛ひれの吸い物と酒・肴が出されている。また、翌々三日には中小姓以下三八七人へ同じく鯛ひれの吸い物と酒、足軽《あしがる》以下三七二人へむしり肴と酒、町人・庄屋二一一人へはするめ、町年寄《まちどしより》・年寄一三四人へは鯛ひれの吸い物と肴一種、その他全部で一六四一人への馳走だった。鯛の吸い物が使われたのは計八二二人と膨大で、こうした振る舞いのときには、人数が多少増減しても影響のない汁物は便利な一品だったにちがいない。

はも

はもは、瀬戸内海から九州にかけて多い魚である。そのため、関西とくに京都や大阪で好んで食べられる。ことに、京都では祇園祭にはもは欠かせない。

はもは中世の記録にも京都で多出しているので、今から五、六〇〇年前からよく用いられていた。まず『尺素往来』をはじめ『教言卿記』の応永十四年（一四〇七）に「到来」とあるので、贈答用だったことがわかる。そのほか、禁裏への献上や紀州からの上洛土産、供物などとして出てくる。驚くほど大量のこともあった。本願寺第十世証如《しょうにょ》当時のことを記した『証如上人書札案』の天文十七年（一五四八）には三〇〇本、同二十年（一五五一）および二十二年（一五五三）には「当年の祝い」として二〇〇〇本が贈られている。

このような大量のはもは、貯蔵方法などを考えれば干物だったのかもしれない。

現在、七月一日から二十九日まで続く八坂《やさか》神社の祇園祭は、別名「はも祭り」といわれるぐらいで、そのご馳走にはすべてはもを使う。はもは梅雨の水を飲むとおいしくなるといわれ、明石あたりで釣られたあと、長い間生きていて、生命力の強い魚である。だから、京都まで運ばれてもおいしく食べられたのだろう。

江戸時代中期の寛政七年（一七九五）には『海鰻《はも》百珍』という、はもの料理法を記した本が京都から出版されている。それには、全身を使ったもの二一種、肉だけを使ったもの上三〇種・中二九種・下二〇種、皮を使ったもの一〇種、腸（内臓）を使ったもの三種の計一一三種類の料理があげられている。

はもという魚は、小骨が多いため骨切が必要であり、素人にはむつかしく、魚屋などに調理を頼むことになる。刺身に相当するはもの切り落としや照り焼き、はもときゅうりの酢の物（はもきゅうという）などは、まさに夏の一品である。

うなぎ（宇治丸）

わが国最古の歌集『万葉集』が全巻完成したのは八世紀末頃といわれるが、その編纂にかかわった大伴家持《おおとものやかもち》の歌にうなぎにまつわるものが二首ある。

石麻呂《いわまろ》に　吾《わ》れ物申す　夏痩《なつやせ》に　よしといふものぞ　鰻《むなぎ》とり食《め》せ

痩す痩すも　生けらばあらむを　将《はた》や将《はた》　鰻《むなぎ》を漁《と》ると　河に流るな

これは、石麻呂という人がとても痩せていて、まるで飢えているようなのを笑って作った歌だという。『万葉集』の時代から、うなぎが夏ばてによいということが知られていた。うなぎのことを別名宇治丸《うじまる》ともいう。それは、京都の宇治川でよいものがとれることから、宇治川産のものという意味でいった。「丸」とは、麻呂すなわち人間のことで、うなぎを人間扱いしてそのように言ったのである。

『万葉集』の頃、どのような料理法だったのかはわからないが、『鈴鹿家記《すずかけき》』の応永六年(一三九九)には「かば焼」とあるので、中世のはじめにはすでに「かば焼」があった。その後は『異制庭訓往来』および『尺素往来』をはじめ『お湯殿の上の日記』の享禄五年(一五三二)や『言継卿記』の永禄七年(一五六四)、諸所への御成の献立、そして天正十年(一五八二)織田信長が徳川家康を饗応したときにも出された。永禄十一年(一五六八)足利義昭が朝倉亭へ御成りになったときは、「宇治丸汁」とあるので、汁物としても使われた。

なまず

なまずも多く記録されている。『看聞日記』の永享八年(一四三六)には、伏見宮貞成親王へ三条(公家)から贈られているのをはじめ、『実隆公記《さねたかこうき》』の長享二年(一四八八)や『言継卿記』の永禄十一年(一五六八)など、公家たちのあいだでも食べられていた。

かつお

目には青葉　山ほととぎす　初鰹《はつがつお》（素堂）

という江戸時代の句はあまりにも有名だが、当時の江戸っ子たちはその年に初めて獲れたかつおに大金をはたいて食べていたらしい。

しかし、『徒然草』（一三三〇年）の頃は「かつおを食べ過ぎると、瘡（できもの）ができる」とされ、兼好法師《けんこうほうし》によれば「鎌倉の年寄りがいうには、この魚は自分が若かった頃は、あまり人前で食べるものではなかった」といっている。

かつおは『異制庭訓往来』をはじめ『教言卿記』の応永十二年（一四〇五）、紀州より贈られたのをはじめ、紀州からの記録が数回ある。京都に近いということもあっただろうが、紀州の魚は公家たちの食卓を賑わせていた。

鮭

鮭という魚は、卵が孵化して稚魚になると翌春海にくだり、四〜五年たってふたたび産卵のため元の川に帰ってくるという習性がある。日本海岸では島根県以北、太平洋岸では茨城県以北と北のほうで獲れる魚である。産卵期が九月から翌年の一月くらいまでなので、あきあじと呼ばれることもある。

アイヌ語で鮭は「真の食物《しいべ》」、鱒のことを「夏の食物《さくいべ》」というらしいが、これは彼らの祖先が鮭や鱒を大事な食料としていたことの証かもしれないと推理する人もいる。

鮭については、奈良時代の法令の施行細則である『延喜式』（九二七年）にもその名が見え、また醍醐《だいご》天皇の第四皇女勤子内親王《きんしないしんのう》の命によって源順《みなもとのしたごう》が編纂したとされる『和名類聚抄《わみょうるいじゅしょう》』（九三〇〜九三五年）に「鮭魚」とあるので、奈良時代から食べられていた魚である。

鮭の加工品もすでにあった。『延喜式』には鮭の楚割《すわやり》（干物）や子ごもり鮭（はらこを内臓した塩物）、鮭の氷頭《ひず》（頭部の軟骨）などの名がみえる。子ごもり鮭および氷頭は越後国の産とあるので、一〇〇〇年以上前から北陸地方の名産だった。また平安後期の大饗の記録にも干鮭がある。

江戸時代になってからの『包丁書録』（一六五二年）には「奥州の衣川、また越後の国、是れ鮭の名所なり。其の干したるを楚割、塩引、干鮭などという名あり」と出ている。これを裏付けるように、『実隆公記』の長享三年（一四八九）に「塩引」とみえるのをはじめ、室町初期の『庭訓往来』にも「越後の塩引」と当時から名物の一つだったことがわかる。塩引は、精進落《しょうじん》しの贈り物として用いられたこともある。干鮭については同じく『実隆公記』の永正六年（一五〇九）に贈り物として出ている。

鮭という記録は干鮭・塩引より古く、『教言卿記』の応永十三年（一四〇六）正親町《おおぎまち》氏より贈られたというのをはじめ、一四〇〇年代の秋から冬にかけてよく贈り物にされた。これは、鮭の遡上する時期と一致している。中には三尺（約一メートル）というのもある。はららこおよび筋子もある。鮭の真子《まこ》のことで、初見は文明十五年（一四八三）で宮中へ参内したときの手土産である。はららこは『言国卿記』の文亀元年（一五〇一）をはじめ、永正十五年（一五一八）将軍足利義稙《よしたね》が畠山式部亭へ御成りになったときの献立などに見られる。ただし『日葡辞書《にっぽじしょ》』には「赤色で光っているブドウのような豆」とあるので、必ずしも鮭の子だけを意味していないかもしれない。

鱒

鱒《ます》は中世以前では永久四年（一一一六）の大饗および保延三年（一一三七）の仁和寺の御幸にみられる。中世になってからは正長二年（一四二九）足利将軍より美物として賜った例をはじめ、応仁《おうにん》二年（一四六八）には鱒荒巻、永正五年（一五〇八）には鱒すしなどもみられる。

鱈

鱈《たら》も代表的な北海の冬の魚である。中世の記録にも冬期に多く『親元日記』の寛正六年（一四六五）をはじめ贈答に用いられている。加工品では鱈の荒巻や干鱈（一五〇二年）がある。干した鱈のことを「棒だら」と呼ぶが、それは体長が長く、干すと棒のようになることかららしい。京都では、この棒だらを使った煮物料理や鰊《にしん》の煮物を使ったそばが有名である。海から遠い京都では、北洋の魚をうまく使った料理が発達した。

鮎

鮎も『延喜式』の時代からよく食べられていた。そこに出てくる鮎は火乾《ひぼし》年魚《のあゆ》、押年魚《おしあゆ》、塩漬年魚、塩煮年魚、年魚鮨《あゆずし》など多様で、それほどよく利用されていたことを示している。

中世以前では『類聚雑要抄』にある歯固めの式に白干鮎、煮塩鮎、押鮎などがあり、仁和寺の御幸（一一三七）には鮎すし、鮎焼き物などもみえる。

中世にはいると『庭訓往来』をはじめ『教言卿記』の応永十二年（一四〇五）以降多数記録が残されているが、その半数以上は「鮎すし」である。「すし」については後述したい。「すし」のほかには鮎小漬（『言国卿記』一四八一年）、鮎なます（『言国卿記』一四九四年）、白干鮎（『言国卿記』一五〇一年）、鮎の荒巻（『言継卿記』一五六七年）、煎鮎（『鹿苑日録』一五九九年）などがある。白干鮎とは素干しの鮎のことで、現在でも鮎の産地では加工品として作られている。その利用法は、干したままの鮎を水を入れた鍋で加熱し、だしを取りながら湯豆腐にするなどである。

鮎の数がわかるものでは、『教言卿記』の応永十五年（一四〇八）には「鮎四十五を遣わす」とあり、『言継卿記』の天文二十二年（一五五三）には河狩で二二〇余が獲れたとある。また『実隆公記』の文亀元年（一五〇一）には「足利義高、川狩りの鮎を献ず」とあり、『言継卿記』の永禄十年（一五六七）八月には「河の簗《やな》を見物に」とある。簗で鮎を取る方法は、中世にすでに行われていて、おそらく落ち鮎を獲っていたと思われる。

鮒

鮒も古くからの食材で『延喜式』（九二七年）主計部の近江国（滋賀県）および筑前《ちくぜん》国（福岡県）、筑後《ちくご》国（福岡県）、肥前国（佐賀県）、美濃《みの》国（岐阜県）の産物に「醤鮒《ひしおぶな》」や「鮒の鮨」がある。現在も琵琶湖沿岸とくに湖東地区といわれる彦根から草津、瀬田辺では古来の鮒鮨を伝承しているところがある。鮒以外にも琵琶湖でとれるモロコやイサザ（ゴリ）、ハス（鯉科の魚）などでも鮨を作る。

その作り方は、冬季に生きのよい寒ぶなのうろこや内臓を取り、えらのところから塩をつめて樽にすきまなく並べて夏の土用まで塩漬けにする。これを下漬けという。土用がきたら本漬けをする。塩漬けした鮒を水洗いして水気を切り、硬めに炊いたご飯をさましてから鮒の腹と頭にしっかりつめる。きれいに洗った樽にこの鮒を並べ、上から塩をふる。十一月ごろから食べられ、一年ぐらいおいしく食べられるという手の込んだものである。

中世の鮒ずしの記録は「往来物」には見られないが、伏見宮貞成親王が記した『看聞日記』の正長二年（一四二九）が古く、室町殿（将軍足利義教）より美物として贈られている。また、『親元日記』の寛正六年（一四六五）ほかには八朔《はっさく》の贈り物として、文明十五年（一四八三）には年始の贈り物として用いられている。

鮨の数が記されていることがある。多くは一折、一桶などだが、『証如上人日記』の天文二十三年（一五五四）には「二桶一〇〇」とある。鮒鮨は鮒を丸ごと使うので、一〇〇とあるのは一〇〇尾かもしれない。

有名な接待の献立にも登場している。天正十年（一五八二）織田信長が徳川家康を接待した安土御献立や天正十八年（一五九〇）豊臣秀吉が毛利亭へ御成りになったときなどにも出された。

すし以外の用途としては、鮒汁や荒巻ぐらいで、八、九割が鮒鮨である。

いわし

いわしは、現在では高価な魚になりつつあるようだが、一時期あまりにもたくさん取れたので、安くて下級な魚と思われて、肥料用にもされていた。しかし、中世では禁裏や公家、武家など身分の高い人の間で食べられていた。古くは『延喜式』（九二七年）に備中《びっちゅう》国や備後《びんご》国、紀伊《きい》国の産物とある。また『庭訓往来』をはじめ、応永《おうえい》十三年（一四〇六）、いわしが贈られたという記録がある。『教言卿記』で、細川家からの贈り物だった。次いで、『看聞日記』の正長二年（一四二九）、武家よりの贈り物のなかに、さらに『お湯殿の上の日記』の長禄《ちょうろく》元年（一四五七）にもある。

すずき

すずきという魚は、大きくなるにつれその名前が変わるところから出世魚といわれている。体長が六〇チ《セン》以上のものをすずきというが、夏が旬で美味である。

中世以前では、永久三年（一一一五）の大饗にすずき鱠《なます》、干すずきがみられ、中世になってからは「往来物」すべてに記録がある。また『親元日記《ちかもとにっき》』の寛正六年（一四六五）八月をはじめ、『お湯殿の上の日記』『実隆公記』など多数の記録は夏に多い。

干ふぐ

ふぐは江戸時代の武家の記録にはほとんど見られない。それは、毒を持った魚であって中毒死することが多かったからである。もし、武家がふぐ中毒で死亡したときには、家禄を没収されることになっていた。しかし、庶民の間ではその美味から、よく食べられていた。

中世の記録も少なく、『言継卿記』の弘治《こうじ》三年（一五五七）に「干ふぐ」、以後一回のみである。この「干ふぐ」は、中御門《なかみかど》の女中よりの贈り物で、永禄十三年（一五七〇）には宮中の女御へ贈ったこともある。その味がよいことは、広く知られていたのだろう。生のふぐの記録がないところをみると、やはり中毒を恐れてのことかもしれない。

鯖

鯖は『延喜式』（九二七年）に能登《のと》国（石川県）をはじめ讃岐国（香川県）、伊予国（愛媛県）、土佐国（高知県）など西国の産物としてあげられている。また『庭訓往来』にもあるほか、江戸時代には能登の鯖が全国的に知られていた。「鯖の生き腐れ」といわれるように、鯖という魚はいたみやすいため、保存法が限られていた当時は輸送が難しかった。しかし、『実隆公記』の大永五年（一五二五）には京都にいた三条西実隆のところへ贈られているし、永禄九年（一五六六）には鯖の荒巻ともある。すでに加工品も作られていた。

また、若狭湾あたりではよい鯖がとれ、それを浜で塩をして京都へ運ぶ鯖街道もあった。京都で鯖ずしが作られるのは、この鯖を使ったものだった。

ぶり・はまち

ぶりは『延喜式』（九二七年）にはその名が見られないが、『山科家礼記』の寛正四年（一四六三）をはじめとして、一四〇〇年末から一五〇〇年代にかけて、贈り物として出てくる。中には、能州より（一五二九年）とか能登より（一五三二年）という記事があるところから、中世にすでに能登あたりのぶりが知られてい

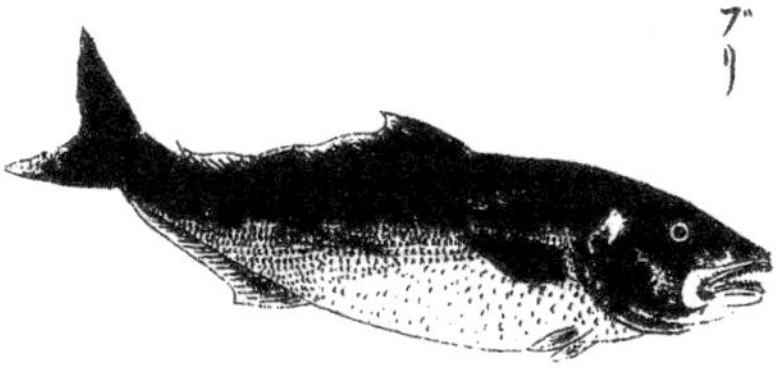

図13　ぶり（『食物知新』）

た。

はまちは、ぶりの幼魚のことで、体長九〇㌢以上のものをぶりといい、四〇㌢ぐらいの小さいものをはまちという。はまちは、『山科家礼記』の文明三年（一四七二）に「無塩のものすなわち塩漬けでない生の魚を五十文で買って遣わした」とあるので、鮮魚の売買が行われて、それを贈ることもあったことがわかる。

貝　類

あわび

あわびは、そのおいしさだけでなく干してもその美味が損なわれることがないため、高級な贈答品として広く用いられていた。『延喜式《えんぎしき》』（九二七年）には志摩《しま》国（三重県）、相模国（神奈川県）、安房《あわ》国（千葉県）、上総《かずさ》国（千葉県）、常陸《ひたち》国（茨城県）、若狭《わかさ》国（福井県）、佐渡《さど》国（新潟県）、出雲《いずも》国（島根県）、石見《いわみ》国（島根県）、隠岐《おき》国（島根県）、長門《ながと》国（山口県）、阿波《あわ》国（徳島県）、伊予《いよ》国（愛媛県）、筑前《ちくぜん》国（福岡県）、肥前《ひぜん》国（長崎・佐賀県）などほぼ全国的に産出されていた。

中世以前では、『類聚雑要抄《るいじゅざつようしょう》』の中の東三条殿への大饗（一一一五年）に鮑熱汁、鮑味噌、干物鮑など、また仁和寺《にんなじ》の饗応（一一三七年）に生鮑および鮑味噌があり、この頃よく行われた大饗には多くみられる。

江戸時代の『本朝食鑑《ほんちょうしょっかん》』（一六九五年）にあるあわびの食べ方は、生食のほか煮る、蒸す、干す、塩漬けなどとあり、その腸を使った塩辛としても利用された。そして、もっとも美味なのは粕漬けで、昔はなぜなかったのだろうかと書かれている。そういえば、あわびの粕漬けは江戸幕府への献上品にも見られた。

あわびの加工品に「のしあわび」がある。のしあわびは、あわびの肉を薄く長く剝《は》ぎ、干してのばしたものである。『本朝食鑑』には、長鰒と書いて「のし」とルビがあり、長くのばしたものは、延長悠久の意味があろうと記されている。現在は、のし袋に簡略な「絵」となっているが、その絵の中心部にある黄色く長いものがのしあわびの名残である。

のしあわびは、古くから祝い事に添えられるものだった。のしあわびの記録は『庭訓往《ていきんおう》来《らい》』をはじめ『看聞日記《かんもんにっき》』の永享《えいきょう》八年（一四三六）、「内裏《だいり》より五〇〇本賜る」というものである。以後、『親元日記《ちかもとにっき》』の文明《ぶんめい》十三年（一四八一）に一〇〇〇本、『実隆公記《さねたかこうき》』の永正《えいしょう》八年（一五一一）に二〇〇〇本、同じく大永《たいえい》六年（一五二六）に五〇〇〇本と多出するようになっている。これは、一五〇〇年代になってから献上品に添えることが定着したため「のしあわび」の需要が増えたのではないかと考える。

図14　かき（『食物知新』）

現在、あわびの食べ方で珍重されているのはあわびを使った中国料理である。干しあわび（乾鮑）を水洗いし、弱火で三〇分ぐらい煮てから、ふたをして半日ほど置き、ふたたび柔らかくなるまでくりかえし二〇時間も煮る。美食で知られる香港のあわび料理の名店では、日本の青森産の干しあわびの値段がもっとも高かった。その店では、青森・岩手産のものを使用しているという。干しあわびは、生のあわびを一度煮てから乾燥させる。すると、生のときとはまったく違ったおいしい味になる。世界でもっとも高価な食材といわれるのもうなずける。

かき・さざえ・はまぐり

次に牡蠣《かき》である。『延喜式』（九二七年）には、肥後《ひご》国の産物に蠣《かき》の腊《ほじし》（干物）がある。中世になってからは、『異制庭訓往来《いせいていきんおうらい》』をはじめ『教言《のりとき》卿《きょう》記《き》』の応永十三年（一四〇六）に細川氏より到来とあるのをはじめ、『看聞日記』の永享二年（一四三〇）には「室町殿（足利将軍）より美物」として伏見宮貞成親王へ贈られるなど、多数の記録がある。

次にさざえおよびばい貝は、『看聞日記』の正長二年（一四二九）「室町殿より美物」とあるなかにみえる。とり貝は『教言卿記』の応永十四年（一四〇七）にある。

はまぐりは、『異制庭訓往来』や、『教言卿記』の応永十四年（一四〇七）にあるのをはじめ、『山科家礼記《やましなけらいき》』の長禄《ちようろく》元年（一四五七）には「蛤売り」と見え、その当時商売として存在していたことがわかる。

そのほかの海産物

たこ

『延喜式《えんぎしき》』（九二七年）には「乾鮹《ほしたこ》」や「鮹の腊《ほじし》」（いずれも干物）が見え、隠岐《おき》国や讃岐《さぬき》国の産物とある。中世の記録では『異制庭訓往来《いせいていきんおうらい》』をはじめ『教言卿記《のりときききょうき》』の応永《おうえい》十二年（一四〇五）に病気の快癒祝いにたこを贈ったとある。そのほか、加工品ではたこの荒巻、干たこがあり、産地のわかるものには佐渡のたこ（一四八三年）がある。江戸時代になると、瀬戸内のたこが知られるようになり、『日本山海名産図会』（一七九九年）には、明石《あかし》のたこがあげられている。

ほや

ほやは三陸地方が主産地の岩礁に自生するもので、特有のにおいがあるため嫌う人もいるが、逆にそれを好む人もいる。

『延喜式』（九二七年）には、若狭国《わかさ》の産物として「保夜交鮨《ほやのまぜずし》」がある。中世以前では、永久《えいきゅう》三年（一一一五）の大饗《だいきょう》ほか同時代の大饗にかなりみられる。

中世のほやの記録は、「ほや冷汁」として明応《めいおう》九年（一五〇〇）足利将軍義稙《よしたね》が山口の大内氏を訪ねたときの饗応献立にあるのをはじめ、天正《てんしょう》十年（一五八二）織田信長が徳川家康を安土《あづち》城に招いたときの献立にもある。重要なもてなしには、山海の珍味が用意されているが、この二つもその例にもれず、ふつう目にすること、口にすることのできないような食品を使ってもてなしていたことがわかる。

くらげ

くらげも古くから食べられていた。中世以前の永久三年（一一一五）の大饗をはじめ、同時代の饗応にかなり用いられている。

中世になってからは「往来物」のすべてにあるほか『看聞日記《かんもんにっき》』の永享二年（一四三〇）室町殿（将軍足利義教《よしのり》）より贈られた美物《びぶつ》（おいしいもの）にあるのをはじめとして、とくに御成《おなり》にはよく用いられる食品だった。御成の例をあげれば、明応九年（一五〇〇）将軍足利義稙が山口の大内氏を訪問したときや、永正《えいしょう》十五年（一五一八）足利義稙が畠《はたけ》山亭《やまてい》へ、天文《てんぶん》七年（一五三八）足利義晴が細川亭へ、永禄《えいろく》四年（一五六一）足利義輝が三好亭へ、永禄十一年（一五六八）足利義昭が朝倉亭へ、天正十八年（一五九〇）豊臣秀吉が毛利亭へ、文禄《ぶんろく》三年（一五九四）豊臣秀吉が前田亭へ、文禄四年（一五九五）豊臣秀吉が徳川家康亭へそれぞれ御成りになったときの献立に使われている。このように見ると、ほとんどの御成に出される食品だったといえるだろう。料理法までは書かれていないが、三好亭の場合は「くらげ汁」とあり、他はおそらく酢の物だったと思われる。

鯨

鯨は、いつごろから食べられていたのだろうか。平安時代の『和名類聚《わみょうるいじゅ》抄《しょう》』にいさな（鯨）と出ているし、和銅《わどう》六年（七一三）に編纂された『壱《い》岐《き》国風土記』には「鯨伏《いさふし》の郷《さと》、郷の西にあり。昔は、鮐鰐《わに》、鯨《いさ》を追ひければ、鯨走り来て隠り伏しき。故《かく》、鯨伏といふ。鰐と鯨と、並に石と化為《な》れり。相去ること一里《さと》なり。俗に、鯨を言ひて伊佐《いさ》と為す」と記されている。同じく『常陸《ひたち》国風土記』にも鯨鯢《くじら》に似た丘に久慈と名付けたとある。

漁としての鯨取りについては『万葉集』に数種見られる。一つ紹介しよう。

難波の宮は　いさなとり　海片附きて玉拾ふ　浜辺を近み（巻六、一〇六二番）

また、最近の発掘調査で、青森県中津軽郡岩木町湯段《ゆだん》地区の中村川から、約一〇〇〇万年前の鯨一頭分の完全な化石が発見されたという報告があった。となると、わが国では太古の昔から鯨が捕れていたことになり、今後のさらなる研究がまたれる。しかし、中世以前には鯨食《げいしょく》の記録はない。

時代が下って室町時代になると、御成のご馳走にたびたび鯨が使われている。たとえば、永正十五年（一五一八）足利義稙が畠山式部少輔方へ行ったときや、天正十八年（一五九〇）安土城で織田信長が徳川家康を接待したときなど、また京都や堺で行われていた茶会にも用いられた。

また『尺素往来《せきそおうらい》』（一四〇〇年代はじめ）のほか、伏見宮貞成親王の『看聞日記《かんもんにっき》』の永享八年（一四三六）に室町六代将軍足利義教から贈られたものの中に「鯨荒巻」とある。荒巻とは、現在の鮭の荒巻と同じような塩物だろうか。次いで、宮中の女官の『お湯殿の上の日記』の文明十三年（一四八一）にある。伏見宮も天皇家の出であるし、宮中でも食べられていたということは、室町時代にはすでに贈答品だった。宮中ではその後も一四八八年、一四九〇年、一四九一年と続き、永禄十二年（一五六九）の頃になるとかなり普及したのか、鯨のうちの物（内臓）という記録もみられるようになっている。すでに内臓を食べる工夫もされていた。

時代は下るが、江戸時代天明《てんめい》八〜九年（一七八八〜八九）にかけての司馬江漢《しばこうかん》の『江漢西遊日記』には、生月島《いきつきしま》（平戸《ひらど》）の漁でとれたせみ鯨を解体して、はらわたまでいろいろ

図15　捕鯨（『日本山海名物図会』）

な料理にして食べたとある。産地では、昔から捨てるところなく食べられていたようだ。

わが国で銛《もり》を突いて鯨を取るようになったのは、元亀《げんき》年間（一五七〇〜七二）、三河《みかわ》国（愛知県東部または知多《ちた》半島の説あり）のこととされている。そして、室町末期から安土桃山時代に、本格的な捕鯨が始まったらしい。しかし、それ以前の一四三六年の記録にあることから、京都ではかなり早くから流通していたようだ。

では、京都の鯨はどこで取れたものだろうか。日本列島には黒潮にのって鯨がやってきた。伊勢や熊野では、寄り鯨とか流れ鯨の捕獲が行われていたことが知られている。熊野では、長元《ちょうげん》八年（一〇三五）の記録に「南牟婁《むろ》郡有馬村の大魚上る。長四丈八尺、油三〇〇樽を得る」とある。四丈八尺といえば一四・五メートルである。まさに大魚だった。

熊野灘沿岸では、尾鷲《おわせ》や九鬼《くき》浦、太地《たいじ》などで鯨が捕れたという。そして、鯨肉は塩漬けにされ特産物として全国各地に運ばれた。京都の鯨も伊勢産の可能性がある。それを裏付けるように、『証如上人日記』の天文五年（一五三六）には「勢州宮内大輔より当年祝儀として……」鯨の荒巻が贈られている。

鯨の食べ方

その頃、鯨はどのように食べられていたのだろうか。料理法のわかるものでは、汁物（吸い物）がほとんどである。永正十五年（一五一八）、将軍足利義稙が畠山式部少輔方へ御成りになったときの献立に鯨汁があるのをはじめ天正十年（一五八二）に織田信長が安土城で徳川家康を饗応したとき、また豊臣秀吉が毛利亭へ御成のときにも鯨汁が出されている。その後も、公家たちの間では食べる機会があったようで『言継卿記《ときつぐきょうき》』の天文二年（一五三三）二月には「今朝甘露寺《かんろじ》へ汁有之《これあり》。朝飯持て罷《まか》り向。鯨之汁候事」との記事や、同年三月にも「勧修寺《かじゅうじ》家に晩気《ばんげ》汁有之。飯持て罷り向。鯨之汁也。鮒なます、雉など有之」と、当時は珍しく鯨が手に入ったので、急に食事会をするというようなことが、朝となく晩となく行われていたことがわかる。『言継卿記』には、その後もよく登場する。

鯨汁で面白いのは、足利将軍の菩提寺京都相国寺の日記『鹿苑日録《ろくおんにちろく》』の慶長五年（一六〇〇）にも見られることである。一月五日の会席の引テ《ひき》（膳が出されたのを引いて次の食事に移る）に鯨汁が出されている。また、同年西芳寺から蔭涼軒（相国寺）へ鯨が贈られている。寺院でも鯨が食べられていた記録として珍しい。

鯨を禁裏からいただくこともあった。永正五年（一五〇八）三条西実隆《さんじょうにしさねたか》公へ鯨荒巻、永禄十二年（一五六九）および永禄十三年（一五七〇）言継卿へ鯨、ということは、大量の鯨肉が宮中に献上されていたので、おすそわけに回されたのかもしれない。

伊勢で「鯨のたけり」（陰茎）を食べたという記事もある（『言継卿記』）。産地ならではという気がするが、江戸時代の『鯨肉調味方』（一八三二年）という鯨肉の料理法を記した書によれば、たけりは揚げ物または水煮にして生醤油《きじょうゆ》・いり酒で食べるとよいとある。また、干したものを腹痛のとき削って味噌汁に入れて煮れば奇効があるなどと書かれている。言継卿にはどのようにして出されたのだろうか。

いるか・あしか

いるかも『庭訓往来』をはじめ、『看聞日記』の正長二年（一四二九）、六代将軍足利義教から伏見宮へ美物として贈られているのをはじめ、

『親元日記《ちかもとにっき》』の文明九年（一四七七）いるか二十切れ、『言継卿記』の弘治二年（一五五六）十二月三十日には歳暮としてか、ごぼうと一緒に贈られている。いるかはどのように食べられていたのだろうか。江戸時代の『料理物語』（一六四三年）には、江豚《いるか》とあってさしみ・汁・酢いりとあった。

あしかの荒巻というものもある。『実隆公記《さねたかこうき》』の大永《だいえい》六年（一五二六）のことである。この当時には、かなりいろいろな海獣が食べられていた。

ふ　か

ふかやさめも食べられていた。ふかは『親元日記』の寛正《かんしょう》六年（一四六五）に見られる。現在でも刺身状に切ったふかに湯を通して食べることがあるし、かまぼこの原料とすることもある。

えび・かに

えびやかにも古くからよく食べられていた。えびは、中世以前の保延《ほうえん》二年（一一三六）の大饗にあるのをはじめ、中世になってからは『教言卿記』の応永三年（一三九六）や、永享《えいきょう》二年（一四三〇）将軍足利義教から美物として賜ったものの中にもあり、高級な贈答品として用いられたようだ。

かには中世以前の永久《えいきゅう》四年（一一一六）の大饗をはじめ、えびと同様に将軍から下賜されたものの中に大蟹一〇と見える。また、宮中女官の日記『お湯殿の上の日記』に多出するところを見ると、宮中への贈答品にも多く用いられたようだ。

魚の加工品

なし物

なし物（なんし物）という言葉は、現在では使われなくなっているが、『山内料理書』（一四九七年）によく出てくるもので、塩辛のことである。塩辛にされた魚は、いか（『教言卿記《のりとききようき》』の応永《おうえい》十四年＝一四〇七）、鮎（後述）、鯛（『教言卿記』の応永十四年＝一四〇七）、鱈《たら》（後述）、なまこ（後述）、はも（『教言卿記』の応永十三年＝一四〇六）などである。

このわたは現在でも食べられているが、なまこの腸の塩辛をいう。古くは海鼠腸と書いて「このわた」と読んでいた。『教言卿記』の応永十四年（一四〇七）をはじめとして、天《てん》正《しょう》十年（一五八二）織田信長《おだのぶなが》が徳川家康《とくがわいえやす》を接待した安土《あづち》御献立までの一八〇年間に十一回の記録がある。単純に考えれば十数年に一度といった頻度である。ただし、『親元日記《ちかもとにっき》』には「このわた一〇〇桶」、同じく文明《ぶんめい》十三年（一四八一）には寛正《かんしょう》六年（一四六五）には「一〇〇桶公方様へ」とあって、かなり大量に用いられていたようだ。

鱈の内臓（わた）の塩辛をくるくるというと『俚言集覧《りげんしゅうらん》』（一八九九年）にある。『親元日記』の寛正六年（一四六五）に「鱈の腸を不来不来《こずこず》というが、正月用に『不来不来』というのは名が悪いので、中代より来来《くるくる》というようになった」とある。現在ではくるくるという名は聞かないが、『お湯殿の上の日記』の文明十六年（一四八四）以後その名を見ないところから、それ以前に使われていた呼び名で、一五〇〇年代以降はあまり使われなくなった。鱈の内臓の塩辛そのものも、少なくなったのかもしれない。くるくるは、永禄《えいろく》十一年（一五六八）足利義昭が朝倉亭へ御成りになったときを最後に見られなくなる。

鮎のうるかは、鮎の内臓の塩辛のことである。『山科家礼記《やましなけらいき》』の寛正四年（一四六三）をはじめとして、『言国卿記《ときくにきょうき》』の文亀《ぶんき》元年（一五〇一）播磨《はりま》国揖保《いぼ》庄よりの贈り物として見られる。

背　腸

背腸《せわた》とは魚の内臓の塩辛のことである。しかし、一般に内臓といえば、はらわたすなわち腸をさすが、背腸は少し違う。『本朝食鑑《ほんちょうしょっかん》』（一六九五年）の鯖《さば》の項に「鯖の腹の腸を取り去ると白い膜があり、膜の中に黒い腸があって、大きい背骨にそっている。これが背腸というもので、これを取って塩に和し、塩辛とする」とある。これは賀州（加賀すなわち石川県）の産で、これに鯖の骨や肉を細かく刻んで混ぜ、塩と麹《こうじ》で調和したものを背腸の醤《ひしお》といい、長州・防州（山口県）の産で佳品であるとも書かれている。それを証明するように、毛利家文書には将軍へ献上された記録がある。また、これより以前の『延喜式《えんぎしき》』（九二七年）には、越《えっ》中《ちゅう》および越後《えちご》国の産物として鮭の背腸がある。

この背腸が『山科家礼記』の文明十一年（一四七九）にあるほか、同年の『お湯殿の上の日記』に多出する。宮中へたくさん贈られたらしい。また『後奈良院宸記《ごならいんしんき》』の天文《てんぶん》四年（一五三五）には一〇〇桶も贈られたとある。珍味として好まれていたのだろうか。

鯖の背腸を再現しようと山口県で試作をはじめているが、まだ製品化するところまで行っていな

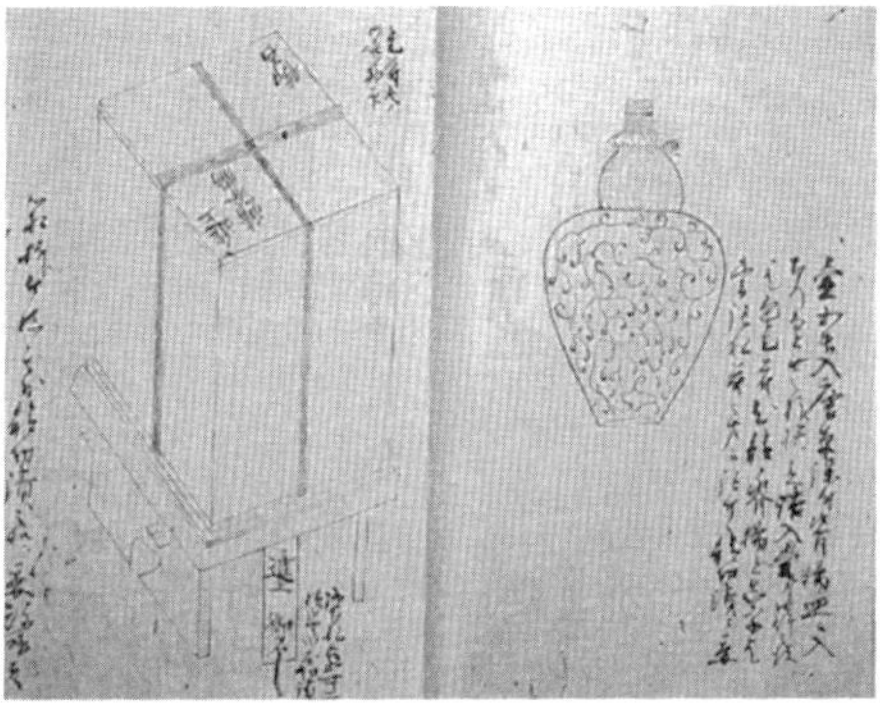

図16　萩藩毛利家から献上された背腸
（山口県文書館所蔵「年中献上之絵図」）

図17　かまぼこ作り（『料理献立抄』）

い。

かまぼこ

かまぼこが文献に出てくるのは中世以前の永久《えいきゅう》三年（一一一五）関白右大臣が東三条へ移ったときの祝儀に見られる。その後の『宗五大草紙《そうごおおぞうし》』（一五二八年）に「かまぼこは鯰本《なまずもと》也。蒲《がま》の穂を似せたるもの也」とある。魚のすり身を竹に巻きつけるようにして焼いたものだった。これを作るにはなまずが一番よいということは、海から遠い京都では川魚のなまずでかまぼこを作っていたことを示している。江戸時代の『料理調法集』（年不詳）にある材料は、あま鯛・きす・いか・卵白身とある。また『料理献立抄』（年不詳）にある挿絵にはさめまたはふからしい魚を使っている様子がある。弾力性に富んだものを使ったことがわかる。

かまぼこの記録は、嘉元《かげん》三年（一三〇五）上賀茂《かみがも》神社の遷宮《せんぐう》に用意されたのが初見らしく、次いで『山科家礼記』の寛正四年（一四六三）に「明日御成につき広橋（准大臣広橋綱光か）へ」と御成のご馳走に必要な品の段取りが記されている。そういえば、かまぼこは足利将軍の大内亭訪問や、畠山亭《はたけやまてい》、三好亭《みよしてい》への御成、安土御献立などにも登場する食品である。

はんぺん

中世のはんぺんは、現在とはかなり違ったものだったらしい。川上行蔵氏は、現在のような魚のすり身から作ったはんぺんは『江戸料理集』（一六七四年）以降のことで、それ以前のものは『日葡辞書《につぽじしよ》』（一六〇三年）にある fanben「豆腐をあぶったのち、味噌で煮たもの」のことではないかとしておられる。

はんぺんは、足利将軍の菩提寺の記録『鹿苑日録《ろくおんにちろく》』の天文六年（一五三七）に贈られた品としてあり、また奈良興福寺大乗院の坊官の日記『多聞院日記《たもんいんにっき》』の天正十年（一五八二）には社参後の馳走にはんぺんとかまぼこが出されている。これらは、寺院の料理として見れば、魚肉製品を用いることは考えられず、川上氏のいうように豆腐の料理だったのかもしれない。

すし

『延喜式』（九二七年）にあるすしをあげると、あめのうお、鮎、鮒《ふな》、まないか、いわし、鯛、鱒《ます》、雑魚《ざこ》、ほやなど魚類のほか鹿や猪を使った鮨も作

図18　鮎のすし（筆者撮影）

られていた。鹿や猪の鮨は紀伊《きい》国、筑前《ちくぜん》国の産物として出ている。その頃のすしは、現在のように飯が主体のものではなく、生魚に塩をふって漬け込む「なれずし」だった。その後のもてなしにもすしがみられ、中世以前の保延《ほうえん》二年（一一三六）の大饗《だいきょう》に「鮨鮎」とあるのは鮎すしと思われる。

　では中世のすしを見よう。『庭訓往来《ていきんおうらい》』などに「鯵《あじ》のすし」があることは前にふれたが、もっとも多いのは「鮎のすし」である。伏見宮の『看聞日記《かんもんにっき》』正長二年（一四二九）には「室町殿（足利将軍）より美物」というなかにある。将軍が贈り物にするほどのものだった。また、禁裏へも贈ったり贈られたり、御成のご馳走の一品にもなった。御成の献立にもよく登場する。天文七年（一五三八）細川亭への御成や永禄十一年（一五六八）朝倉亭への御成、天正十八年（一五九〇）秀吉の毛利亭への御成などに出された。芳野（吉野）釣瓶鮓《つるべずし》といわれる鮎すしがある。大和国吉野川の鮎をすしにして曲げ物に入れ、手で提げられるように籐で持ち手をつくったところから土瓶の釣瓶に似ているので釣瓶鮓と呼ばれるようになった。これが『実隆公記《さねたかこうき》』の永正《えいしょう》六年（一五〇九）、また『石山本願寺日記』の天文十三年（一五四四）にも二桶を贈り物にしている。釣瓶鮓は、以後江戸時代の天明《てんめい》七年（一七八七）に出された『七十五日』という江戸の下町のグルメガイドに出ているところから、江戸後期には芳野名物が江戸でも売られるようになる。

鮎のすしと同じくらい多いのは鮒のすしである。これも『看聞日記』の正長二年（一四二九）に室町殿から贈られた中にあるのをはじめ、『親元日記』の寛正六年（一四六五）七月末に八朔《はっさく》の挨拶として贈っている。年賀にもちいることもあった。また、天正十年（一五八二）信長が家康を饗応した安土御献立にもある。

鮒すしは一五〇〇年代になるとその量が膨大になってくる。たとえば石山本願寺の『証如上人《しょうにょ》日記』の天文七年（一五三八）には一〇〇とある。おそらく一〇〇匹と思われるが、以後天文末期には同様の記事が何回も出てくる。鮒すしも大量生産されるようになっていたのだろう。

鮎や鮒のほかでは、鯛のすし（応永十五年＝一四〇八）、うなぎずし（天文七年＝一五三八）、あめのうおのすし（寛正六年＝一四六五）、まないかすし（天正十八年＝一五九〇）、いわしのすし（文亀元年＝一五〇一）、ふかのすし（天文二年＝一五三三）などがある。

獣鳥類

肉食禁忌の浸透

『延喜式《えんぎしき》』（九二七年）に出てくる鹿の脯《ほじし》は、紀伊《きい》国（和歌山県）、阿波《あわ》国（徳島県）、豊後《ぶんご》国（大分県）など、猪の鮨は豊後国、鹿の鮨は豊前（福岡、大分県）および豊後に見られる。この頃は仏教が広まりはじめたがそれは政治レベルのことで、まだ民間にまで浸透していなかったから、かなり鳥獣類が食べられていたらしい。しかし、牛と馬は農耕に欠かせない家畜として扱われていたので、その殺生が禁止されていた。そして、仏教の戒律から鳥獣に対するタブー観が生まれ、平安時代の寺院から始まった肉食禁忌の風潮は次第に広まり、さらに公家たちや一般にまで広がりをみせるようになった。一例をあげれば、鎌倉時代の中ごろ京都の寺で鹿の肉を食べた僧たちが追放されたことが『明月記《めいげつき》』に記されている。

また、中世以前の『類聚雑要抄《るいじゆざつようしよう》』には正月の歯固めの供物に猪宍・鹿宍とあり、獣肉類が儀式に用いられていたことがわかるが、図示されている猪の項には代用に雉《きじ》、鹿の項には代用に鴫《しぎ》と書き込まれていることや、さらに補注として「近代は鯉、雉、鯛、鱸《すずき》を盛る」と欄外に書かれているところをみると、この当時すなわち一一〇〇年初頭には獣類を使うことが少なくなっていたのかもしれない。

狸

中世になってからは「往来物」に兎、鹿、狸、むじな、かもしか、猪、熊などの記録があり、もっとも多いのは狸である。狸は『東寺百合文書《とうじひやくごうもんじよ》』の応永《おうえい》八年（一四〇一）に東寺の代官役所が買った品物のなかにある。この頃すでに狸が売買されていたらしく、他の記録からみても宮中や宮家、公家たちのあいだでよく食べられていた。

その食べ方の多くは狸汁である。『山科家礼記《やましなけらいき》』の文明《ぶんめい》四年（一四七二）十二月には「今朝狸汁」とある。朝から生臭ものを食べていた。また『多聞院日記《たもんいんにつき》』の天正《てんしよう》九年（一五八一）には「日中飯、狸汁」とある。多聞院といえば、奈良興福寺大乗院の坊官多聞院のことである。興福寺の僧侶たちも狸汁を食べていたのだろうか。それともわが国最初の本格的料理書『料理物語』(一六四三年)にあるように「精進《しようじん》の狸汁はこんにゃくを油で揚げて用いる」というもどき料理だったのかもしれない。また『言継卿記《ときつぐきようき》』の明応《めいおう》三年(一四九四)には「今日狸汁用意、高倉・甘露寺《かんろじ》など四人招く。言国は当年より四足(獣類)を断つ」とある。その理由はわからないが、親しい人が亡くなったことに関係しているのかもしれない。ほかに狸荒巻というものもあるが、いずれも上洛土産として出てくる。保存できるように、塩漬けの荒巻を用意したらしい。

兎・かわうそ

兎は『教言卿記《のりとききようき》』の応永十三年(一四〇六)以降、狸ほどではないがかなり見られる。永享《えいきよう》三年(一四三一)十二月三十日には室町殿(将軍足利義教)より美物《びぶつ》(おいしいもの)として物車一両が伏見宮貞成《さだふさ》親王へ贈られたなかにもある。しかし、兎の食べ方が記されたものはほとんどなく、『実隆公記《さねたかこうき》』の永正《えいしよう》二年(一五〇五)以降「兎の毛」という記録になる。兎の肉も食べられていたと思うのだが。江戸時代になってからの宮中の記録に、正月に兎汁を食べる風習があることは拙著『南蛮から来た食文化』で述べた。

かわうそを食べたのは、天文十八年(一五四九)大内義隆《よしたか》が山口の毛利亭を訪問したときのほかには見られない。

雁

次に鳥類について述べよう。中世以前では永久《えいきゅう》四年（一一一六）東三条殿の大饗《だいきょう》の折に鳥盛立、雉盛立、干鳥などがあり、同じ頃の大饗にもよく出てくる。保延《ほうえん》二年（一一三六）の大饗には雉羹《きじあつもの》（雉の汁物）も見える。中世以降の記録でもっとも多いのは雁、次いで白鳥である。この傾向は肉食をしていた石山本願寺も同じだった。

図19　鳥料理（『酒飯論』）

雁は贈答に多数用いられたようで、宮家や公家の記録には室町殿（将軍）から初雁が贈られたり、禁裏《きんり》から下賜されることが多かった。初雁とはその年はじめてとれた雁である。

永禄《えいろく》十三年（一五七〇）一月二十三日、織田信長は足利義昭《よしあき》に五ヵ条の条書を送って政権を委任するよう認めさせてから、京都へ入った。そのとき多数の贈り物が用意された。それは『言継卿記』の同年一月二十五日の条に「織田信長、鷹の雁（鷹匠が獲った雁）武家へ百五十、昨日進上云々。今日、禁裏へ五十進められ云々」とあることからわかる。信長の贈った雁の数は、人びとを驚かせるほどのものだったので、言継卿の日記に書きとめられたのだろう。このような記録は、後日の参考のために必要だった。さらに時代が下った天正十九年（一五九一）十二月、豊臣秀吉が入洛したときも信長と同様で「殿下御入洛、鷹の鳥その数知らず」（『鹿苑日録《ろくおんにちろく》』）と、前例を重んじる風習は今も昔も変わりがない。

また「雁の包丁」を行った記事もある。『言継卿記』の文亀《ぶんき》三年（一五〇三）には「関右京を召し、雁を切らせ……」とある。雁の包丁とは、雁を使っていろいろな形に切る儀式で、鳥類では「鶴の包丁」がよく知られている。

雁の食べ方についての記録は少ないが『宗及他会記』の天正七年（一五七九）十二月の会席料理に「雁をけしにてあへて」と珍しくあえものが出ている。その他では雁すましや雁のせんばいり、皮煎《かわい》りなどがある。

鶴

鶴は『蔭凉軒日録《いんりようけんにちろく》』の文明十年（一四七八）をはじめとして、天文から天正にかけての贈答品に多く見られる。鶴が高貴な鳥としてあがめられるようになったのは、前述のように天正十五年（一五八七）秀吉が大坂城で開いた茶会以降らしい。正月三日の茶会は権威を示すものだったし、権力者の振る舞いに鶴が用いられた例と考えてよい。

図20　鶴の切り方（『料理切形秘伝抄』）

宮中でも鶴が用いられた。『お湯殿の上の日記』には、天正十五年（一五八七）以降毎年のように一月十七日または七日（十三日のことも）に「鶴の包丁」が行われたとあって、宮中で正月に行われていたことがわかる。鶴の包丁を取り仕切るのは大草《おおくさ》流や四条《しじょう》流といった規式を行う料理人だった。これに関する記事は『言継卿記』の天文十四年（一五四五）六月の条に「一条殿より明後日大草に鶴を切らせ……」とある。このときは六月だったが翌年から正月に行われるようになっている。江戸時代になってからの「鶴の包丁」は、徳川将軍や大大名たちが宮中にならって行なったようだ。

次いで多いのは白鳥である。白鳥も禁裏や将軍から拝領することが多かった。『看聞日記《かんもんにっき》』の嘉吉《かきつ》元年（一四四一）には「改元の由、公方様より白鳥・菱喰《ひしくい》」とあって年号が改まった祝いに贈られた。また「白鳥の包丁」も行われた。

鴨も贈答によく使われた。御成に用いられた鴨の料理は、汁、煎物、焼き物などである。鵠《くぐい》（白鳥）や雉、菱喰もよく使われた。白鳥や菱喰は「皮煎」という料理が多い。

白鳥・鴨・鶏

鶏については『皇太神宮儀式帳』という伊勢神宮の儀式について書かれたものの中に、祭祀用として雞雛二羽、鶏卵十とある。この記録は、延暦《えんりゃく》二十三年（八〇四）とあるので、その頃には雞雛も鶏卵も貴重な食用だったのかもしれない。しかし、中世に入ってからは鶏および鶏卵についての記事はみられなくなり、その傾向は江戸初期まで続く。

鶏が贈答品として出てくるのは、三月三日に鶏を戦わせて遊ぶ闘鶏のためのようである。もちろん、牛や豚の記録はない。

野菜

瓜が納税品のような形で納められていたことは前にふれたので、ここではその他の野菜について述べる。

さつまいも

唐芋という記録があるが、これはさつまいものことをさす。さつまいもは一五二六年、コロンブスがアメリカ大陸で発見し一六世紀末ごろ中国へ、わが国へは江戸時代の元和《げんな》元年（一六一五）ウイリアム・アダムスによって平戸に伝えられたとされている。

しかし『山科《やましな》家礼記《けらいき》』の長享《ちようきよう》二年（一四八八）「唐芋十本」という記事をはじめ、翌長享三年（一四八九）には『蔭凉軒日録《いんりようけんにちろく》』に「唐芋二束」などと出てくる。以後も「唐芋の茎」などとある。したがって、前言をひるがえすことになるが、中世にすでに日本へ入っ

図22　茄子（『食物知新』）

図21　野菜（『当流節用料理大全』）

ていたのではないかと推察する。ただ、芋がどの程度できていたのかはよくわからない。

茄子

茄子《なす》は、中世以前の『類聚《るいじゅ》雑要抄《ざつようしょう》』中、正月の歯固めの供物に醤漬《ひしおづけ》茄子とあり、瓜と同様古くから漬物にすることが多かった。『教言《のりとき》卿記《きょうき》』の応永《おうえい》十四年（一四〇七）をはじめとしてとくに寺社の記録に多い。また『庭訓往来《ていきんおうらい》』に「沢茄子《みずなすび》」、『山科家礼記』の明応《めいおう》元年（一四九二）にも「水なすび」、さらに『多聞院日記《たもんいんにっき》』の天文《てんぶん》八年（一五三九）に「茄子のすし」とある。「水なすび」は、現在も泉州名産として漬物用に加工されているが、「茄子のすし」とは何だろうか。

こんにゃく　こんにゃくは『大乗院寺社雑事記』の長禄《ちょうろく》三年（一四五九）に、唐招提《とうしょうだい》寺《じ》舎利供養のときの法事用にある。もちろん精進《しょうじん》料理だけだった寺社に多いのは当然だが、歳暮の返礼として贈られたこともある。

ご　ぼ　う　ごぼうは、中世から正月用の野菜の一つだった。中世以前の『類聚雑要抄』中の宇治平等院への行幸（一一一八年）にごぼうが見られる。『異制庭《いせいてい》訓往来《きんおうらい》』をはじめ『教言卿記』の応永十三年（一四〇六）にあるのをはじめ、法事や講《こう》など精進料理の食材として見られる。正月料理に使うことが多いためか、歳暮の贈答によく用いられた。また同書の寛正《かんしょう》六年（一四六五）十二月および延徳《えんとく》四年（一四九二）一月には正月料理の一品として「たたきごぼう」がある。

大　　根　大根は、中世以前の『類聚雑要抄』の歯固めの供物に「蘿蔔《らふく》」（大根）とある。蘿蔔という呼び名について『和名類聚抄《わみょうるいじゅしょう》』（九三〇年ごろ）に「蔔はオヲネ。俗に大根の字を用いる。莱菔、蘆菔などはみな蔔の通称なり。菘はオヲネと註せり」とあって、大根の古名である。中世になってからは『教言卿記』の寛正六年（一四六五）十二月に山芋とともに贈られている。どちらも冬にできるものであるから、記録はすべて九月から十二月である。

ねぎ（ねぶか）

ねぎは独特の葷臭《くんしゅう》があるため、これが悪疫を払うという考えから神事に用いられるようになった。ねぎの記録は多くないが『山科家礼記』の長享二年（一四八八）および翌三年（一四八九）の一月二日に鏡祝い用としてある。

薯蕷・ずいき

薯蕷《しょよ》（山芋）およびむかごは一四〇〇年代の記録に多い。中世以前では永久四年の東三条殿の大饗および保延《ほうえん》二年（一一三六）にむかご焼が見られ、ずいきは『実隆《さねたか》公記』の天文七年（一五三八）にある。

その他の野菜

次にあげる野菜の初見は以下のとおりである。うど（長享三年＝一四八九）、くわい（長禄《ちょうろく》三年＝一四五九）、かぶら菜（文正《ぶんしょう》元年＝一四六六）、かんぴょう（長享二年＝一四八八）、せり（文明《ぶんめい》十三年＝一四八一）、枝大豆（応永《おうえい》十四年＝一四〇七）、はじかみ（長禄三年＝一四五九）、れんこん（元永《げんえい》元年＝一一一八）だった。また、わさびは長禄元年（一四五七）「六束を一五〇文で買う」とあるところをみると、すでに市場で売買される商品だった。

たけのこ・ふき・ふきのとう・わらびなど自生の可能性の大きいものについては省略するが、中世にすでに多数の野菜が栽培されていたことが明らかで、『蔭涼軒日録』その他

図23 松茸市（『素人包丁』）

には「御牧」という牛馬の飼育や田畑で食料を作るところから大根・ごぼう・薯蕷などの野菜のみならず茶も届けられたとある。

松茸

松茸の記録は、平安時代の元永元年（一一一八）宇治平等院への御幸に松茸寒汁・志女知《しめじ》熱汁とあり、その後の『異制庭訓往来』や、『教言卿記』の応永十四年（一四〇七）をはじめ多数にのぼる。『大乗院寺社雑事録』には、文正元年（一四六六）九月六日に「恒例松茸の事あり」として、八ヵ所から計一一三本もの松茸が持ち寄られている。「松茸の事」について具体的な説明はないが、集まった松茸をいろいろに料理してたのしんだと思われる。

「松茸の御成」もあった。『蔭凉軒日録』の寛正二年（一四六一）八月二十八日、雲頂院が相国寺へ御成になった。ちょうど松茸の時期で、松茸をご馳走したのでこのようにいわれたと思われる。

松茸は市場で売買もされた。延徳四年（一四九二）九月「八十銭で買う」という記事がある。また、文明十二年（一四八〇）には「宇治の火鉢売りが松茸を持ち歩いてとがめられた」ともある。許可されたものだけが商いを許されていたのだろうか。松茸を売りはじめる時期については『鹿苑日録《ろくおんにちろく》』の天文六年（一五三七）に「八月十日」とある。当時は旧暦だったから、現在の九月中旬にあたる。

松茸のほかには岩茸（寛正三年＝一四六二）、松露《しょうろ》（文明十九年＝一四八七）、椎茸（長享元年＝一四八七）、なめ茸（文明二年＝一四七〇）などもある。

豆腐・納豆

豆腐や納豆は精進料理に欠かせないものだけに、寺社の記録に多い。豆腐は「白壁」と書かれていることもある。納豆は『山科家礼記』の長享二年（一四八八）に「唐納豆商売札」とあり、商売用の鑑札《かんさつ》のようなものを持った人が売買していたことがうかがえる。

果　物

『延喜式《えんぎしき》』（九二七年）には、栗、椎、くるみなどの堅果類しかみられないが、中世の「往来物」にはかなりの果物が見られるようになる。

柿・栗・みかん

具体的に見てみよう。

果物でもっとも多いのは、柿・栗・みかんである。柿の記録は、中世以前では干柿、串柿、枝柿などがあり、その後、柿（一四八四年）、紅柿（一四八五年）、木練《こねり》柿（一五一〇年）、熟柿《じゆくし》（一五二三年）、あわし柿（一三〇五年）、串柿（一五二三年）、甘干柿（一四〇七年）などがみられる。『言継卿記《ときつぐきょうき》』の弘治《こうじ》三年（一五五七）には「串柿一折五〇〇」とある。当時の一折は、とてつもない数だった。

栗は年貢として貢納が義務づけられたもので、禁裏や公家、寺社などに納められていた。中世以前では『類聚雑要抄』中の保延《ほうえん》二年（一一三六）および同三年（一一三七）の饗応に栗、平栗、甘栗、搔栗《かき》などがある。その後では『言継卿記』の文明《ぶんめい》十年（一四七八）九月末には「栗打ち後、禁裏女房衆酒宴」とあり、禁裏内にできた栗を叩き落して収穫が終わったときに、酒盛りをしていた様子がある。

みかんは『看聞日記《かんもんにっき》』の応永《おうえい》二十六年（一四一九）をはじめ、足利将軍の菩提寺の記録『蔭凉軒日録《いんりょうけんにちろく》』や『山科家礼記《やましなけらいき》』、『実隆公記《さねたかこうき》』などに多数みられる。そして、邸内にみかんが植えられていたのか「庭前のみかん」という記事も『実隆公記』にあり、同資料の大永三年（一五二三）十一月から十二月にかけては十数回のやりとりがあって、かなり広まっていたことを示している。橘は保延二年（一一三六）の饗応にある。

あんず・いちご・瓜

あんずは『蔭凉軒日録』の長享《ちょうきょう》二年（一四八八）五月をはじめとしてほとんどが五月にある。また『後奈良院宸記《ごならいんしんき》』の天文《てんぶん》四年（一五三五）には「庭のあんず」とあり、広い庭をもつ家では果樹が植えられていたようだ。

覆盆子《いちご》は平安時代以前に中国から伝えられたとされる。現在われわれが食べているいちごは、その後オランダ人によって伝えられた品種である。覆盆子の記録は『蔭凉軒日録』

の長禄《ちょうろく》三年（一四五九）をはじめ数回みられ、その時期は四月中旬から五月である。

瓜の種類には白瓜、大和瓜、江瓜（近江瓜）など甘くない野菜としてのものと、甜瓜・甘瓜・砂糖瓜・熟瓜《まくわうり》（金瓜）などの果物としての瓜がある。ここでは後者を取り上げる。『実隆公記』の長享二年（一四八八）をはじめ『お湯殿の上の日記』の永禄三年（一五六〇）以降砂糖瓜というのが多数出てくる。宮中でもよく食べられていたらしい。

梨・びわ・ぶどう・桃

梨は岩梨、紅梨などの記録がある。嘉元三年（一三〇五）上賀茂神社の遷宮の儀が行われたときの勅使に対する饗応の買い物に梨があるのをはじめ、『教言卿記《のりときぎきょうき》』の応永十三年（一四〇六）には「山科より」と荘園でできたものが贈られている。また『看聞日記』の永享三年（一四三一）には「室町殿へ」と将軍にも献上された。翌永享《えいきょう》四年（一四三二）には「庭前梨、禁裏へ」とあるので、梨の木も植えられていた。

びわは『教言卿記』の応永十二年（一四〇五）をはじめ多くの記録があるが、産地のわかるものには山科の枇杷《びわ》、菅浦《すがうら》（近江《おうみ》国浅井郡。現西浅井町）の枇杷などがある。

ぶどうは『実隆公記』の文明十七年（一四八五）をはじめ同資料に多い。『蔭涼軒日録』の長享二年（一四八八）には「陳外郎より贈られる」ともある。陳外郎とは、明《みん》（中国）

の役人だったが来日して外郎《ういろう》という薬を販売していた人のことで、のちに外郎は菓子へと変身するのである。

桃は嘉元《かげん》三年（一三〇五）、上賀茂《かみがも》神社の遷宮《せんぐう》のときの買い物にあるのをはじめ、『教言卿記』の応永十三年（一四〇六年）などにある。「唐桃」あるいは「碧桃」という記事もあるが、中国伝来をよくあらわしていると思う。大永六年（一五二六）「白桃」という記事があるが、現在のような白い桃だったかは疑問がありそうだ。

楊梅は「やまもも」のことで、『蔭凉軒日録』の長享三年（一四八九）をはじめ同資料に多い。

その他の果物

なつめは、東三条殿の大饗（一一一六年）や保延三年（一一三七）の饗応にみられ、その後は『教言卿記』の応永十五年（一四〇八）および『後奈良院宸記』の天文四年（一五三五）にある。あまり普及していなかったと思われる。

りんごは『多聞院日記』の永禄九年（一五六六）以降に見られる。同資料の文禄二年（一五九三）には「一鉢一〇〇」とあるので、かなりたくさん出来たようだ。ただし、その他の資料に少ないところをみると、まだ普及していなかったのかもしれない。

ざくろは『蔭凉軒日録』の永享七年（一四三五）や『後奈良院宸記』などにある。かなりの種類の果物が出回っていた。

菓子と香辛料

中世の菓子

わが国の菓子の中には、中国と往来していた遣唐使たちが伝えたものや、ポルトガル船が来航してからは宣教師たちが伝えたものが多くある。

平安時代の『和名類聚抄《わみょうるいじゅしょう》』（九三〇年頃）には、「梅枝《ばいし》・桃枝《とうし》・餲餬《かっこ》・桂心《けいしん》・黏臍《てんせい》・饆《ひっ》饠《ら》・䭔子《ついし》・団喜《だんき》、これを八種の唐菓子という」とある。この八種以外にも餢飳《ぶと》・糫餅《まがり》・結《かく》果《なわ》・餅餤《へいたん》（餅腅）・捻頭《むぎかた》・索餅《さくべい》・粉熟《ふずく》・餺飩《ほうとう》・煎餅・魚形《ぎょぎょう》・椿餅《つばいもち》・薯蕷粥《いもがゆ》などがあった。

赤井達郎氏は、八種の唐菓子について遣唐使《けんとうし》以前の正倉院《しょうそういん》文書にみられることや、天《てん》平《ぴょう》九年（七三七）の『但馬国正税帳《たじまのくにしょうぜいちょう》』および同十一年（七三九）の『伊豆国正税帳』に糫餅や捻頭が見られるなど、早い時期から各地で作られていたとしておられる。また、渥《あっ》

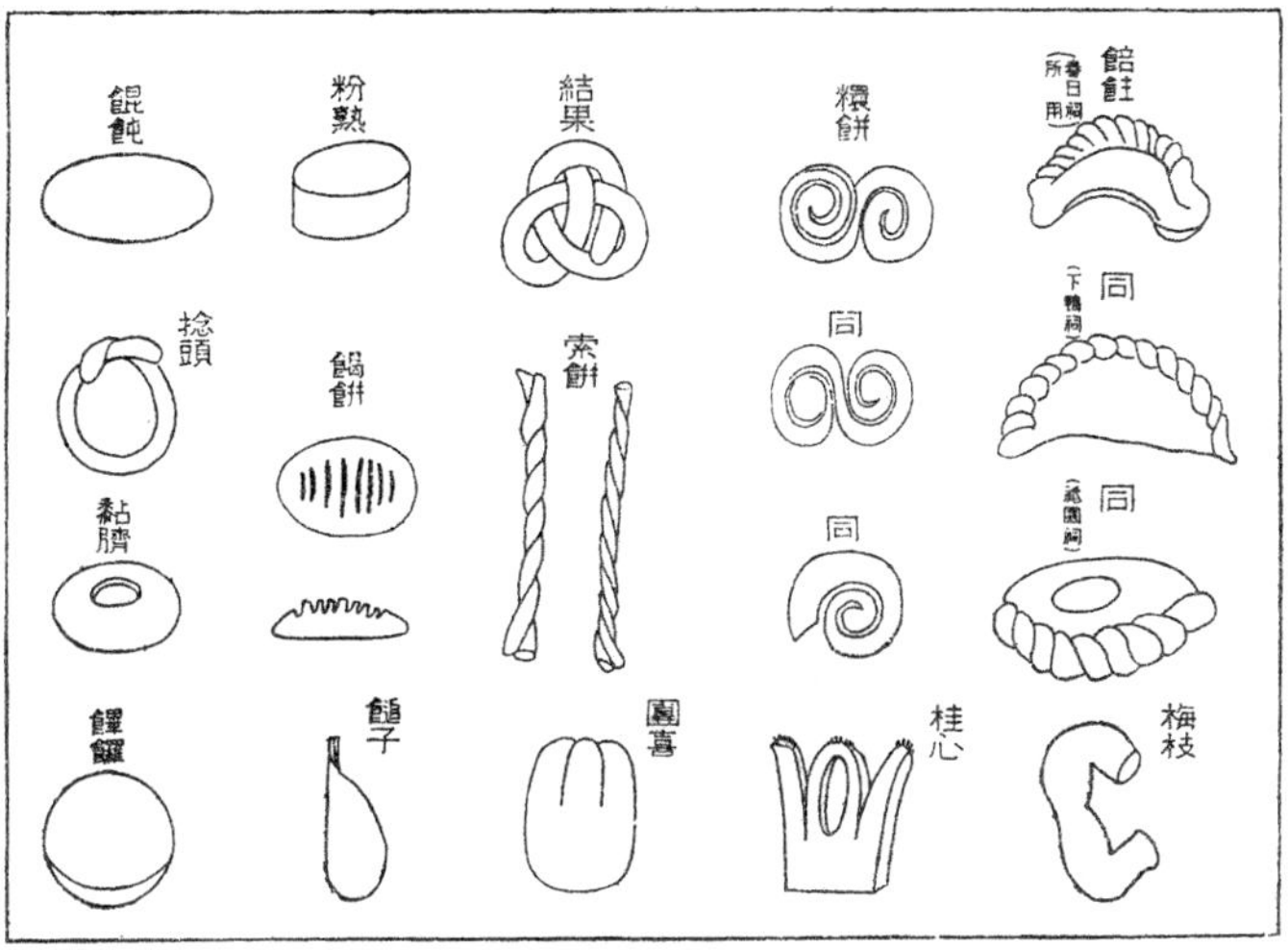

図24　唐菓子図（『日本食物史』）

美《み》郡（愛知県）の古墳からは索餅に似たものも出土されているという。

当時の文学にも菓子の名がみえる。たとえば粽（『伊勢物語』『大和物語』）、糫餅（『土佐日記』）、唐菓子（『宇《う》津《つ》保《ほ》物《もの》語《がたり》』）、粉熟（『宇津保物語』）、椿餅（『宇津保物語』『源氏物語』）、餅餤・餺飥（『枕草紙』）などである。

また『類聚雑要抄』にある永久四年（一一一六）正月二十三日東三条殿への大饗《だいきょう》のときに饆饠、黏臍、餲餬、桂心の四種が出された。この大饗は、母屋《おもや》での東三条殿の饗応と、陪席の公家への饗応、少納言への饗応、殿上人諸大夫への饗応、家主への饗応は身分によってそれぞれに差があった。正客への料理は折敷《おしき》に入れ、赤木の台盤にのせて南北に配置した。食器はすべて銀製で、唐菓子・木菓子・干物・生物は盤（皿状）、汁気のあるものは窪杯《くぼつき》、四種の調味料は杯《つき》に盛られた。公家の場合は二人ずつ向かい合わせに、少納言や弁官の料理は一人ずつ置かれ、家主の場合はもっとも簡略な献立だった。そして、饆饠・黏臍・餲餬・桂心の四種が出されたのは東三条殿のみで、弁少納言へは餲餬と桂心の二種、家主の場合は唐菓子はなく、木菓子の梨子《なし》のみだった。このようにみると、唐菓子のなかでも饆饠および黏臍がもっとも大事な菓子だったのかもしれない、保延《ほうえん》二年（一一三六）の東三条殿への大饗では、椿餅のほか唐菓子では伏菟《ぶと》・まがりがある。

中世に入ると『尺素往来《せきそおうらい》』や『異制庭訓往来《いせいていきんおうらい》』（一三六六〜七二頃）には伏菟・曲《まがり》・煎餅・焼餅・しとぎ・興米《おこしごめ》・索麪《さくべい》・粽・などのほか、雞鮮羹・海老羹《かいろうかん》・白魚羹・寸金羹・月鼠羹・雲鱣羹《うんぜんかん》・甚鼈羹《じんべつかん》・三峰尖《さんぽうせん》・碁子麺《きしめん》・乳餅《しゅうびん》・巻餅《けんぴん》・水晶包子・砂糖饅頭・𩛰𩟔《ほうとう》・饂飩《うんどん》などいかにも中国から伝えられたらしいものが記されている。また、砂糖、飴、甘葛煎などの甘味料のほか栗餅、きび餅、松餅、薇餅、とち餅、糒《ほしいい》、粔籹《おこしごめ》など古くから日本にあったと思われるものがある。

こうした菓子は、寛元《かんげん》年間（一二四三〜四六）の『執政所抄《しっせいしょしょう》』に元三（正月三が日）の節供として供えられたとある。また、賀茂詣での折に粉熟や粉餅を用意したとも書かれている。さらに『東宮御元服部類抄』の正元《しょうげん》元年（一二五九）にも餲餬・桂心・黏臍・饆饠・餛飩《うんどん》などの唐菓子が用意されており、めでたいときに用いられる菓子だった。これら室町時代以前にあった菓子は、その後どのように広まったのだろうか。

菓子の広まり

室町中期の『厨事類記』にある干菓子には松の実・かやの実・ざくろ・干なつめなどで、栗・橘・杏・李・柑子《こうじ》・桃・獼猴桃《びこうとう》（犬枇杷）・柿などのいわゆる木菓子と、八種の唐菓子として梅子・桃子・餲餬《かっこ》・桂心・黏臍《てんせい》・饆饠《ひつら》・䭔子《ついし》・団喜、それ以外に赤・青・黄・白の粉餅があったと書かれている。

さらに『庭訓往来』（一三九〇～一四〇三頃）には点心として水繊《すいせん》・温糟《おんそう》・糟雞《そうけい》・鼈羹《べっかん》・羊羹・猪羹《ちょかん》・驢腸羹《ろちょうかん》・笋羊羹《じゅんようかん》・砂糖羊羹・饂飩・饅頭・索麪《さくめん》・碁子麪《きしめん》・巻餅《けんぴん》・温餅《おんぴん》などがあげられているが、驢腸羹については『宗五《そうご》大草紙《おおぞうし》』（世俗立要集とも。鎌倉初期一二五〇年ころ）に「鱸《すずき》のはらわたを真似たもの」とある。また「往来物」にある驢腸羹は『蔭涼軒日録』の長禄三年（一四五九）以降、同資料に点心として出てくる。猪羹は『日葡辞書』に「豆、砂糖などで作る」とある。

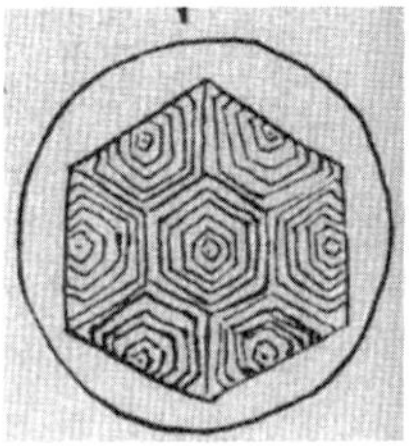

図25　鼈羹（『和菓子の今昔』）

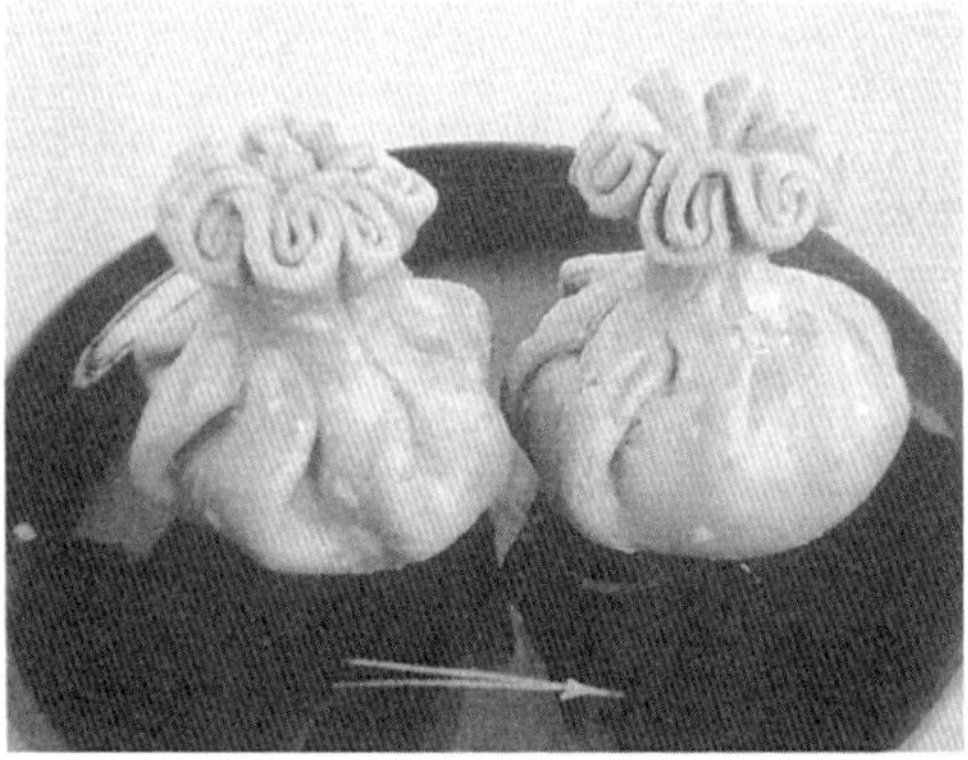

図26　清浄歓喜団（亀屋清水製，筆者撮影）

歓喜団については、『実隆公記《さねたかこうき》』の永正《えいしょう》七年（一五一〇）に真光院が来られたときに実隆公へ賜ったのをはじめ、大永《だいえい》四年（一五二四）以降は毎年一月十六日に元応寺より実隆公へ贈られている。歓喜団という菓子は、現在京都祇園社門前で売られている。また、江戸時代に入ってからは『槐記《かいき》』という茶会記の享保《きょうほう》十八年（一七三三）に「聖天《しょうでん》の祭りに油揚げの餅に何やかや包みて供物にするを歓喜団という」とある。古くから茶会に用いられたことのある菓子だった。

このほか、一五〇〇年代に行われた御成には、羊羹の一種と思われる海老羹、羽羊羹、寸金羹、はく魚羹、魚羹、雲月羹などが多くみられる。これらは御成以外の記録には見当たらないので、特別な菓子だったのかもしれない。

消えた菓子

梅枝および桃枝・黏臍の作り方は『厨事類記』にあって、いずれも米の粉を水でねって「しとぎ」のようにしてゆでてから油で揚げたものらしい。

梅枝に近いものは現在でも奈良春日社のお供えとして作られている。団喜はゆでて甘葛《あまずら》をかけるか黄な粉をつけて食べるもので、餲餬は麦粉を木の中にすむ幼虫の形に作って揚げたもの、桂心は肉桂を入れて作ったもの、黏臍はへその形をした餅であるという。

現在ではその名も消えうせてしまったものが多いけれども、これらの菓子が中世の記録にどのように出ているかを見よう。

伏兎（餢飳とも）の初見は「編年大友史料」の正和二年（一三一三）に由原《ゆすはら》八幡宮（大分市）の御供えにあるのをはじめ、『大乗院寺社雑事記』の長禄《ちょうろく》二年（一四五八）に招提寺（唐招提寺）の舎利供養《しゃりくよう》、文明《ぶんめい》十一年（一四七九）および翌年にも同様の記録がある。また、『多聞院日記』の元亀《げんき》三年（一五七二）には「大乗院へ礼に」として伏兎が贈られている。また、同書の文禄三年（一五九四）にも「里への土産」として用いられている。これらはいずれも寺社の記録であって、これらの唐菓子は寺社へ伝えられたと考えてよい。梅枝も大乗院の記録の長禄三年（一四五九）に招提寺の舎利供養に用いられている。

索餅は『大乗院寺社雑事記』の長禄二年（一四五七）にみられ、両資料とも奈良興福寺大乗院にかかわるものなので、大乗院でよく作られていたのかもしれない。

捻餅は石山本願寺の『証如《しょうにょ》上人日記』の天文十年（一五四一）以降、捻菓子は『鹿苑日《ろくおんにち》録《ろく》』の慶長《けいちょう》六年（一六〇一）にある。唐菓子は、寺社の記録に多い。

こん飩は『実隆公記』の大永八年（一五二八）にある。公家たちの間ではこれらの唐菓子が使われていた。煎餅は『お湯殿の上の日記』に多く文明十三年（一四八一）以降に見られる。

こん飩と発音がよく似たものに、きんとんがある。きんとんという菓子は、現在では餡のそぼろを付けた生菓子として知られているが、このきんとんという菓子が『山科家礼記』の寛正四年（一四六三）に『明日御成につき、広橋家へ種々遣わす』という記事がある。この当時のきんとんは現在のような生菓子ではなさそうだ。現在の中国に「金糰」という菓子がある。それは松の実の粉を木型に入れて作るいわば日本の落雁《らくがん》のような干菓子である。中世のきんとんは、中国から伝えられたこのようなものではなかっただろうか。また、『言継卿記』の天文二十二年（一五五三）六月十六日に「嘉定につき饅頭、きんとん」とある。江戸時代の文化六年（一八〇六）幕府の御用

図27　金糰と木型（筆者撮影）

菓子司大久保主水が江戸城内の嘉定の様子を記した『嘉定私記』には「饅頭、羊羹、鶉焼、あこや、きんとん、よりみつ、のし、麩」とあるが、饅頭のような形でまだそぼろは付いていない。菓子製法のバイブルとされる『御前菓子秘伝抄』（一七一八年）の製法にもそぼろはなく、現在のような形になったのは江戸後期の「菓子活船橋」（一八四〇年）以降のようだ。

あこや・椿餅・ふのやき

次に唐菓子以外の菓子についてみよう。

あこや（阿古屋）は『山科家礼記』の寛正四年（一四六三）、東福寺へ礼に行くときの手土産にある。また『言継卿記』や『実隆公記』、公家の日記などの一五〇〇年代前半によくみられ、また足利将軍の菩提寺『鹿苑日録』や石山本願寺の『証如上人日記』など寺社の記録にもかなりあるし、『日葡辞書』にもある。あこやは、江戸時代になって幕府の行事として盛大に行われるようになった嘉定《かじょう》（嘉祥）に用いられる菓子の一つだった。

椿餅は『和名類聚抄』（九三〇頃）および平安時代の『源氏物語』に登場する菓子であるが、平安時代後期の大饗（一一三六年）にも見られるように、重要なもてなしに使われたらしい。中世では『蔭涼軒日録』の長享三年（一四八九）ほか一回、『鹿苑日録』には三

図28　饅頭売り（『七十一番歌合』）

回出てくる。天正十二年（一五八四）には勅使日野亜相への土産として用意されるなど次第に普及したようだ。

　ふの焼きは、茶人千利休が好んだ菓子として知られているが、『鹿苑日録』の天文十三年（一五四四）や『言継卿記』の永禄八年（一五六五）など『利休百会記』（一五九〇年ごろ）より以前からある菓子だった。

　『七十一番職人歌合絵』という明応九年（一五〇〇）ごろ書かれたもののなかに、「砂糖饅頭・菜饅頭いずれもよく蒸して候」とある。当時、砂糖の入った饅頭が売られていたのかは疑問点でもあるが、菜饅頭については奈良興福寺の『多聞院日記』の天正十年（一五八二）に宇陀の庄屋へ持参している。同日記には、この前年に饅頭を買ったという記録があるので、この頃すでに饅頭屋が商売をしていたと考えられる。この当時のやりとりは、その数が多いことに驚く。「証如上人日記」の天文二十二年（一五五三）には「東大寺よりの音信」として饅頭二〇〇が贈られている。

　さとう羊羹は、『親元日記《ちかもとにっき》』の寛正六年（一四六五）一月に行われた内評定始という規式のときの式三献《しきさんこん》に出された。親元とは蜷川《にながわ》親元のことで、足利将軍義政の治下、伊勢氏の被官《ひかん》として活躍した人である。したがって足利将軍にきわめて近い人と考えてよい。このさとう羊羹は砂糖入りの羊羹かまたは砂糖が添えられたものと考えてよいだろう。『日葡辞書』にもある。

飴と飴ちまき

次に飴と飴ちまきについて述べる。飴は『教言卿記』の応永十三年（一四〇六）をはじめとして、将軍から賜ったり将軍へ差し上げたりするほか寺社の記録にかなりある。飴ちまきは、『碧山日録』の寛正二年（一四六一）をはじめ、『山科家礼記』の同四年（一四六三）「飴粽の公事銭二〇〇文」とあり、『多聞院日記』の天正二十年（一五九二）には若宮の流鏑馬《やぶさめ》の折に決まって出されるとある。豆飴は天文年間

図29　ちまき師
（『人倫訓蒙図彙』）

図30　飴師
（『人倫訓蒙図彙』）

の『鹿苑日録』、そして『日葡辞書』にもある。

南蛮菓子・油物・その他

南蛮菓子はどのくらいあったのだろうか。あるへいとうが天正九年（一五八一）の信長の饗応にあることは前にふれたが、こんぺいとうは永禄十二年（一五六九）宣教師フロイスが信長に献上している。南蛮菓子はこの二品のみである。これらは、おそらくまだ日本では作られておらず、保存性が高いことなどを考えると宣教師たちが本国から持参したものだったと考えられる。

油物という記録がある。どういうものかよくわからないが、『鹿苑日録』の菓子のなかにあるところから、菓子の一種で油で揚げたもののことらしい。これが『教言卿記』の応永十三年（一四〇六）神供《じんく》として出ている。以降神供ばかりでなく寺院の斎《とき》（食事）などにも見られる。

きび団子は『山科家礼記』の長享二年（一四八八）に贈り物として見える。

このほか鶉餅（天文二十二年＝一五三六）、うぐいす餅（長享二年＝一四八八）、牛《うし》の舌餅《したもち》（延徳三年＝一四九一）、宇治柿餅（大永四年＝一五二四）、くず餅（天文十六年＝一五四七）、栗粉餅（応永十一年＝一四〇四）、すいせん（文明十六年＝一四八四）、善哉餅《ぜんざいもち》（明応二年＝一四九三）、花びら（餅はなびら、菱はなびら）は『言国卿記』および『言継卿記』、『実隆公記』など公家の記録に見られるが、これについては年中行事の項でふれる。

香辛料

香辛料の中で、日本に古くからあるものは『和名類聚抄』（九二七年）には蒜《にんにく》、薑《はじかみ》、わさび、『延喜式』（九二七年）にはしょうが、みょうがなどがあげられており、この頃にはゆず、山椒《さんしょう》、たでなどもあった。

『大乗院寺社雑事記』の長禄三年（一四五九）にはじかみ、文明十七年（一四八五）にしょうが、山椒がある。寺社では精進料理を作るときに香りや味で変化をつけたのか、寺社の記録に多い。にんにくは『教言卿記』の応永十五年（一四〇八）に『今日よりにんにく服用』とあり、薬用に用いたのかもしれない。わさびは『山科家礼記』の長禄元年（一四五七）に「六束三二〇文」で購入している。

南蛮から運ばれた香辛料には丁子《ちょうじ》や胡椒がある。もっともこれらは香辛料というよりも薬剤として扱われていたらしい。丁子は『実隆公記』の永正七年（一五一〇）長門国阿弥陀寺の僧より贈られたもので、大内氏の貿易に関係するものであろう。胡椒は『鹿苑日録』の天文五年（一五三六）に贈られている。

獣肉類のなまぐさ味を消すために用いられることの多い胡椒は、肉食をしない日本人にとっては西欧人ほど必要のないものと考えられる。外国から運ばれた当初は、薬のような用い方をしていて、暑中の暑を避け、寒中の寒気を払うものであるとされていた。

料理の普及と年中行事

中世の料理と食品の流通

精進料理の影響

わが国の料理は、禅宗の僧侶たちによる精進料理の影響を大きく受けて発達した。「往来物」にある中世の料理は汁物として豆腐羹《とうふかん》（豆腐汁）、辛辣羹《しんらつかん》、雪林菜《せつりんさい》、三和羹《さんわかん》、冷汁、菜《さい》としてまぐろの黒作り、ごぼうの煮染《にしめ》、黒煮のふき、蕪《かぶ》の酢漬、酒煎の松茸、平茸の雁煎《いり》、豆腐の揚げ物などのほか、料理法として酢菜《すさい》、蒸し物、ゆで物などがある。

具体的にわかる資料の一つに『大乗院寺社雑事記』の寛正《かんしょう》三年（一四六二）十月二十日に行われた法花会の献立があるのでみてみよう。

初献　餅　はす　とっさか　ごぼう　さし物　むかご　こういり　たいはし

二献　麵　すさい　梅干　三杯もくか　はじかみ

三献　けんぴ　麩　いり昆布　すさい　きかわ　いわたけ

菓子　餅　熟柿　かんし　栗　柿　かや　ありのみ　しゃくひ　ひねり物

酒

〔註〕はす（れんこん）　とっさか（海藻）　さし物（不詳）　こういり（不詳）　たいはし（不詳）　すさい（酢菜＝精進の酢の物）　もくか（不詳）　けんぴ（巻餅＝揚げ菓子）　きかわ（不詳）　かんし（不詳）　ありのみ（梨）　しゃくひ（不詳）　ひねり物（ねじった形の菓子か）

料理法　また、中世に盛んに行われた御成の献立の中から料理法のわかるものをあげると、汁物では集汁《あつめじる》、冷汁《ひやじる》などがあり、汁の具で珍しいものには「ほや」「いるか」などがある。汁の調味法はわからない。

あえ物では、鮒なます、あえまぜ（魚介の干物を削ったものと野菜をまぜたもの）、羽ぶしあえ（雉などの羽節をたたいたものとあえる）、酒浸《さかびて》（生魚または一塩の魚をだし酒に浸す）などがあり、室町時代の成立とされる『包丁聞書』には鮎のいかだ鱠、山吹鱠、ひでり鱠、雪鱠、青鱠、生姜鱠、卯の花鱠、越川鱠、羽節和《はぶしあえ》、鮒の色どり鱠、鮎の皮引鱠、いけ盛などが見られる。

煮物では塩煮、集煮など、煎りものでは雁皮煎り、菱喰《ひしくい》皮煎り、越河《こしかわい》煎りなどのほかうの花いりがある。ふくめ鯛（鯛の身をこまかくして塩酒で調味）もある。室町初期の『庭訓往来』には煮染ごぼう、黒煮の蕗、室町後期の『四条流包丁書』には垂れみそで煮た小鮒のこごり、鯛の潮《うしお》煮、『大草殿より相伝の聞書』には鯉の衣煮、なまこの太煮、あわびの黒煮などがみられる。

焼き物ではたこのみそ焼き、鰆《さわら》のせんばん焼き、焼き鳥などがある。まだ醬油が普及していなかった時代なので、調味料で変化をつけることはできず、素材の変化を楽しんだようだ。

刺身に用いられた食材は鯛、鯉（鯉子付を含む）、すずき、ぶり、はまち、こち、ぼら、ふか、いか、たこ、えび（船盛）、あわび、くらげなどである。

そのほかの料理法では、『和名類聚抄』に蒸し物がある。油を使った揚げ物は、もっとも遅く室町時代に始まった。それは、油が食用としてよりも灯油として用いられていたためと考えられる。

漬物は古くから作られていて、平安初期の『延喜式』に塩漬け、糟《かす》漬け、醬《ひしお》漬けなどがあり、大饗にも醬漬け茄子や味噌漬け瓜、糟漬け瓜がある。

このほか食材のわかる料理をあげよう。天正《てんしょう》十年（一五八二）信長が家康を饗応したときの「集汁」は、いりこ（なまこの乾物）、串あわび、麩、しいたけ、大豆、あまのりを使ったものだった。江戸時代になってからの『料理物語』（一六四三年）の「集汁」は大根、ごぼう、いも、豆腐、たけのこ、串あわび、干ふぐ、いりこ、つみ入などで、中世と大きな変化は見られない。

このように、料理法の多くは中世にその基礎ができていた。

食品の流通

中世にすでにかなりの食品が流通していることは折にふれて述べてきたが、ここで少しまとめてみよう。

熊倉功夫氏によると『賀茂社嘉元《かげん》三年（一三〇五）遷宮記』にかかわった大工たちへの饗応のための買い物について、「塩鯛　代八百、魚のみ（身）代三百、干名吉《なよし》（干ぼら）・さば　代一貫、くし柿代五十」などとある。また、上棟式のときには勅使がやってきた。そのときの菜（おかず）のために「蓮《はす》（れんこん）代百二十、鳥四　代一貫二百、たこ代三百、塩引　代五百、小鳥　代三百、かまぼこ　代三百五十、くらげ　代三百四十、ます四　代二百六十、丸あわび三　代五十、青豆　代四十、鯉二二　代五百、こぶたたみ代七十二、御果物二合あわし柿　代二百、桃　代二百、梨　代二百」などとあり、京都ではほぼ現在に匹敵するような豊かさで食品が流通していたことがわかる。

また東寺領だった新見荘《にいみ》（岡山県新見市）の元弘《げんこう》三年（一三三三）の資料についても述べておられる。新見では毎月三日河川敷で定期的に開かれる市があったという。この年、国司の使者が新見にやってきた。その接待に要したものは、清酒、白酒（濁酒）、兎、鳥、するめ、大根、大魚とあってそれぞれ値段が記されている。また、応永八年（一四〇一）にこの市場で買い物をした記録の中から食品をあげると、米、麦、豆、茶、酒、魚、鯛、とうふ、狸《たぬき》、大根などがみえる。賀茂社および新見荘の資料は、いずれも鎌倉末期のものである。また『蔭凉軒日録《いんりょうけんにちろく》』には松茸、『山科家礼記《やましなけらいき》』には納豆、わさびが売られていたとある。

このほか『山科家礼記』などにみえる流通食品は、文明《ぶんめい》三年（一四七一）に「はまち五〇文にて買う」とか、同四年（一四七二）鯉代七〇〇文、長享《ちょうきょう》二年（一四八八）まんじゅう五〇の代九〇文、延徳《えんとく》三年（一四九一）賀茂祭に「飴ちまき五〇買う　代二〇〇文」など商品名と価格が記されているので売買されていたと考えられる。ただし、数量がはっきりしないものもあるので単価はわからないものが多い。そのほか酒屋、油売り、塩売り、唐納豆商売札などもあり、江戸時代に近いような流通体系が出来上がっていたようだ。

また奈良興福寺の僧英俊の記した『多聞院日記』の天正九年（一五八一）には、知人の葬儀に五十疋《ひき》の饅頭を注文している。寺院では大量に食べ物を作る機会が多かったと思われるのだが、すでに外注が行われていた。

年中行事と食事

中世の年中行事

中世に行われていた年中行事を追って見てみよう。まず『教言卿記』(一四〇六〜〇九年)にある行事をみると、正月三が日の垸飯《おうばん》、二日には出入りの商人の買い初めを行った。買初めとは正月に行う初事のひとつで、出入りの商人から年の初めに商品を買い挨拶をするものである。『山科家礼記《やましなけらいき》』の長享《ちょうきょう》二年(一四八八)および延徳《えんとく》三年(一四九一)一月二日には、昆布三貫文、勝栗《かちぐり》三貫文、俵《たわら》三貫文、酒を買ったとある。この風習は江戸時代に大名家でも行われていて、江戸後期臼杵《うすき》藩稲葉家の場合にはいな(ぼらの幼魚=出世魚)、さざえ、ほうぼう、せり、かぶ、人参《にんじん》、麩《ふ》、麻苧《まちょ》(麻の一種)などだった。また、この日鏡祝いも行われた。『山科家礼記』の長享二年(一四八八）には、鏡餅、かんし（不詳）ねぎ、あいきょう（鮎）が用意され、翌年にはこれに加えて、たこ、昆布がある。これらは供物だったと考えられる。七日には垸飯、十五日には垸飯および赤粥の祝い、七月七日は星祭、七月十五日は中元の記録がある。ただし、垸飯は応仁の乱の前後には行われていない。

正月の食べ物で重要なものは雑煮《ぞうに》である。雑煮はいつごろから食べられるようになったのだろうか。記録では一四〇〇年代はじめには見られず『山内料理書』（一四九七年）に「初献《しょこん》の雑煮五度《ごど》土器《かわらけ》に入れる」とあるのが初見のようである。土器とは「かわらけ」すなわち食器で、五度は大きさをさす。

実際に雑煮が用いられたのは明応《めいおう》九年（一五〇〇）足利義稙《よしたね》が山口の大内義興《おおうちよしおき》邸へ御成りになったときの饗応にある。御成のほかにも、元服の儀礼などめでたいときそして八月、十二月にも食べた記録がある。このころは、必ずしも正月だけの食べ物ではなかった。そして、正月に雑煮の記事が多くなるのは天文年間（一五三二〜五四）になってからである。

雑煮といえばほとんど餅を入れるが、そのほかの具については中世の成立とされる『包丁聞書』に「雑煮の上置として串あわび、串海鼠《くしこ》（煎海鼠と同じ＝なまこの乾物）、大根、青菜、花かつおの五種を用い、下置に里芋、その上に餅を置く」とある。江戸時代の大名家の雑煮の多くは、この決まりが守られている。また『山科家礼記』の応仁《おうにん》二年（一四六八）には七日に「みそうず」とある。七草粥《ななくさがゆ》のことと思われる。同資料の長享二年（一四八八）には「若菜一荷」と七草粥の用意をしたことが記されている。

正月の花びら餅については、『言継卿記《ときつぐきょうき》』の天文《てんぶん》元年（一五三二）の元日には「餅花びら」とあり、『石山本願寺日記』の天文五年（一五三六）以降「菱餅の祝い」とある。花びら餅の祝いは、宮中で行われていた行事であるが、宮中に招かれた公家たちの間にも広まったようだ。

三月三日の桃花節は『山科家礼記』の応永《おうえい》十九年（一四一二）に「曲水佳節」とあり、『看聞日記《かんもんにっき》』の永享《えいきょう》四年（一四三二）に桃花節、以後『言国卿記《ときくにきょうき》』には赤飯の祝い（一五〇一年）や『実隆公記《さねたかこうき》』には禁中闘鶏（一五三三年）などともある。五月五日の端午《たんご》節も桃花節と同様である。そして、『言継卿記』の頃には桃花節は昼赤飯の祝い、端午には昼粽の祝いをしている。『山科家礼記』の寛正《かんしょう》四年（一四六三）には「ちまき一五〇来る」とか長享二年（一四八八）には「端午祝ちまき五〇〇配る」とか、延徳三年（一四九一）には「ちまき三五〇文」と購入したらしい記事もある。

六月十六日は嘉祥《かじょう》（嘉定とも）である。幕府定例の参賀が決められていたのは、正月三が日と五節句（一月七日の七草、三月三日の上巳、五月五日の端午、七月七日の七夕、九月九日の重陽《ちょうよう》）、嘉祥、八朔《はっさく》、十月の亥の日（玄猪）、そして毎月一日と十五日・二十八日の月《つき》次《なみ》出仕だった。嘉祥が行われるようになったのは、応仁の乱以降のことで『お湯殿の上の日記』の文明十六年（一四八四）六月十六日に「けふのかつうまいる。御さたあり」とある。女房ことばを現代風にいえば「今日、嘉祥の贈り物が来るという伝言があった」とでもなろうか。また『言継卿記』の天文十九年（一五五〇）に「広橋（内大臣）に嘉定被振舞、酒・饅頭・きんとん・のしあわび」、その後も嘉祥の記事があって公家の間では客を招いて祝宴をしていたようだ。そして、嘉祥には菓子ではきんとんが用意されていることが特徴的である。そして祝宴だけでなく贈り物をすることが流行するようになった。さらに『言経卿記《ときつねきょうき》』の天正十六年には「冷ヨリ嘉定トテ饅頭・錫送給了」と言経（山科言経）が冷泉為満《れいぜいためみつ》より饅頭と錫器入りの酒を贈られている。江戸時代になってからは、幕府の行事として定例化され、登城して菓子を賜るようになり、一般にも広まっていった。

七月七日にそうめんの記事が出るのは『言継卿記』の天文元年（一五三二）である。八月一日の八朔は『看聞日記』の応永二十五年（一四一八）に「八朔進物」とあるほかは記録が少ない。月見は『看聞日記』や『実隆公記』に名月賞玩とあるが『石山本願寺日記』

の天文二十年（一五五一）には「名月につき白粥」とある。お粥を食べていたのだろうか。

八月一日は八朔ともいう。この日進物をする風習は足利義満から義教《よしのり》（一三九四〜一四四一）の時代からの公式儀礼で、朝廷と幕府による贈答のほか、公家・武家の幕府への参賀と進物などが決められていた。このときの進物は、室町中期には太刀と馬代または杉原紙や檀紙が一般的となった。この風習をのちに徳川家康が江戸に入城した故事にかけて江戸幕府でも行うようになったのである。

九月九日は菊花節とか重陽節、九が重なるので重九節と記されていることもある。この日は赤飯で祝った。十月の亥の日には亥の子の祝いとして夜に参内《さんだい》して禁裏や幕府から亥子餅が下賜されたことが『言国卿記』や『実隆公記』からわかる。十二月の節分は『実隆公記』に見られる。

地方の年中行事と食事

中世の資料が少ないなか、豊後《ぶんご》大友家の年中行事とその食について記された『当家年中作法日記』から、大友家の食すなわち豊後府内の暮らしについて見よう。

正月の祝いは大歳の夜にはじまる。大晦日、日が沈んだあとは正月という考えである。手懸《てがけ》の米の上に橙、昆布、小餅、柑子、かち栗を大茶碗に入れて供える。これは喰積みという正月飾りだろうが、米の上にいろいろな物を飾る方法は大友家特有のものかもしれない。銚子のひさげの口は紙で包む。年玉を用意する。びんたらいにはかわらけを二つかさね、下のかわらけにはもろむきを、上のかわらけには米を入れる。よろいを飾る。梅干をかわらけを重ねて上に入れる。瓶子《へいし》一双は口を包む。これらの祝いの品は惣大工が用意した新しいまな板の上に並べる。まな板の脇には一「さたい（不詳）」、二「するめ」、三「昆布」を懸ける。

朔日の未明には梅干茶（大福茶）が出る。正月の祝いには五の膳、一は三種（削り干物）、三杯（塩）、きかわ（不詳）、二は雑煮、塩、三は焼餅一かさね、四は刺身、さしす、雁の汁、五はいれ麦だった。

正月三が日および七日は各地から垸飯の出仕がある（前述）。垸飯の出仕に来た者たちへは三膳組が用意され、猪一匹を拝領することもあった。その内容は次のとおりである。まず最初の膳（一の膳とはいわない）は口取り、おもむき（不詳）、大汁（大根の輪切り）、青なます（二日よりは大根なます）、塩、ひらき、くちに（不詳）、飯、二の膳は焼鳥、雁の汁、雁のももぎれうりの物（塩辛様のものか）、さしす、さしみ、塩煮の汁、三の膳はときみそ、鶴の汁、ねぎ、その後菓子である。青なますの魚は臼杵の下《した》ノ江のものを使うのが例だった。

三の膳のねぎは、二日だけに出された。これは『山科家礼記』にある鏡祝いと同じようである。京都と同じ風習が豊後大友家に伝えられていたことは興味深い。

一月三日は一日・二日とちがって殊のほかご馳走をしたらしい。「東北国の珍しい肴は申すに及ばず、近年は大唐・南蛮・高麗の菓進上」と記されているのは、この頃豊後ではこうした珍品があったことを示している。贈り物も多かった。「白鳥一〇、つる二〇、鳫《かり》三〇、水鳥一〇〇、雄（雉か）一〇〇、兎・狸五〇以上三〇〇竿ばかり参り候」と、鳥獣は竿にさして贈られたらしく、夜半まで乱酒とある。また、四日は「福いり」とある。福いりとは福わかしのことで、神に供えた餅を煮て食べるすなわち雑煮のことであるが、七日または十五日に行うことが多いとされているところ、大友家では四日に行っている。一月六日は「鬼の豆」とある。節分の鬼打ち豆のことと思われる。七日は雑煮ののち小豆餅とある。

同十一日は式三献という正式なお膳が用意された。初献は雑煮、二献は壺の物、かつおのいた、かながしらの吸い物、三献ははら白の刺身、さしす、あわびの汁となっている。

同十三日は万寿寺へ行き初めとして茶と菓子、一は壺にとう（不詳）、二菓子、三雑煮、四べっ羹または羊羹、五むし麺、その後すいせんおよび菓子とまず点心《てんしん》が用意されている。次いで本膳として五の膳まで、最初はごぼう、麩のとうあえ、みそやき大汁、昆布、高盛の飯、二の膳は麩の油揚、丸盛こけまめ、煮ぬきもどき、漬け梅、うどあえ物、板こんにゃく、まつ盛香の物、ほたて椎茸の汁、三の膳は集汁、きびの飯、四の膳はたけのことわかめの汁、五の膳は山芋の汁、最後に菓子として水栗だった。万寿寺とは徳治《とくじ》元年（一三〇六）大友氏五代貞親《さだちか》が豊後府内に建立した寺であるから、そこで出された料理は精進料理である。

一月十五日は烏帽子《えぼし》に素襖《すおう》の正装で、祝膳は元日と同様だった。十九日は簾中《れんじゆう》（奥方たち）の節句で、五の膳まで用意された。小正月といったところだろう。まず塩引き、ふくめ、このこ（塩辛）、酒浸、湯漬、漬け菜、くらげ、かまぼこ、二の膳はひばり、海茸、鶴の汁、にし（貝）、黒煮、あえまぜ、鯉の汁、三の膳は焼き鳥、雁の汁、えび、たこ、牡蠣の汁、四の膳はいかだ（不詳）、たらの汁、五の膳は鮒、魚一匹入りの汁、そして菓子七種だった。かなりのご馳走である。宗麟《そうりん》時代のはじめ頃までは、毎月朔日と十五日に宿老への対面があった。朔日は佐賀関産さざえの壺いりと酒だった。

一月二十日は犬追物が行われた。犬を放って獲物をとらせるゲームのようなもので、中世から盛んに行われていた。一月二十七日は実相寺《じっそうじ》へ振る舞いがあったが、実相寺は近年准半俗になったとあって、本膳のみが精進料理で、二の膳からは魚鳥が使われたとある。

三月三日は「ふつもちひ」とある。「ふつ」とはよもぎのことですなわちよもぎ餅を食べ、行水の水にもよもぎを入れる。祝儀が終わってからは磯遊びをする。宗麟が臼杵に移ってからはみつごの島辺で磯遊びをしたらしい。かわらけに盛ったご馳走が数え切れないほどと書かれている。豊後府内の場合は住吉で行った。三月十日は方々へ狩に行く。狩奉行とか猪鹿奉行という役もあった。

五月五日は端午の節句でちまきが出る。前日の夜、よもぎ、茅がやを軒にさす。

六月十五日は祇園祭で、酒肴は一番に鶴の汁、二番にあじのひぼかしの汁、三番に饅頭の折が出た。ひぼかしとは豊後地方で作られる火干《ひぼ》かしのことである。白身魚の腹わたを出し竹串にさしていろりなどで乾かしたもので、身をむしって用いる。

七月七日は七夕で、七種の遊びをした。朝から犬追物、連歌、能、的、鞠、立花などで楽しんだ。また宝物や書物、衣類などを七夕飾りに手向ける。そして梶の葉にそうめんをのせて供える。

七月八日は生見《いきみ》の祝い（生身魂《いきみたま》）である。この内容は記されていないが、生きている親に対して生魚を贈る風習である。十四日には灯籠を贈りあう風習があったようだ。そして先祖参りをする。十二日と二十六日には大風流、その後「しとろ」という囃子物があった。風流とは飾り物の「見立て」や舞楽などの意がある。飾り物は金銀や日本製のもののほか唐土《もろこし》（中国）、天竺（中国）、南蛮（西欧・東南アジア）、高麗（朝鮮）の綾・錦を使って派手に行っていたらしい。その頃の豊後には外国の風俗が珍しくなかったと思われる。また「しとろ」について詳細はわからないが、記録には一〇〇人ばかりの人がいたとあるので、盆踊りのようなものだったのではないかと推察する。

八月朔日は八朔の規式を行い、そうめんと濁り酒が出る。八日は「秋あわせ」とあり、小袖が贈られる。晩には雑煮が出る。

作原《ゆすはら》八幡宮の放生会《ほうじょうえ》も行われた。のちに猿楽もあった。そのときのご馳走はまずひやし物、その後肴が出る。汁は夕顔《ゆうがお》（かんぴょう）とみょうが、十五日には組こんにゃくが出た。

名月の祝いは月の前四方になすび五つ、酒をついだかわらけ一つ、芋、枝豆五、米を盛ったかわらけを供える。めいめいにはなすび、芋、枝豆が出された。

九月九日は赤飯と菊花酒が用意され、小袖が贈られた。

亥の子には小豆餅、赤飯、雄（雉か）の汁が出され、簾中から菊が贈られた。山口の大内氏の場合は、その年に亥の日が三回ある場合には初回は菊、中は紅葉、後はいちょうを用いたと他家のことも記されている。

十二月十三日は評定納め、自国他国からの歳暮が披露される。二十七日はすす払いをする。二十八日からは正月用の食器などの準備をする。

以上が大友家の年中行事と食である。江戸時代になってからの臼杵藩稲葉家と大きな違いはなく、年中行事の多くが中世から行われ、現在に伝承されていたことがわかった。

日本料理の誕生――エピローグ

日本料理は、貴族政治が展開していた平安時代にその原流があるといわれている。都が平安京（京都）に移されたのち約二〇〇年、武士が台頭するまでのあいだは公家中心の社会だった。そして、貴族の間では飲食の作法も整い、故実《こじつ》もできあがった。たとえば、客を招くときは、主人または包丁に長じた者が魚を切ってみせるのがもてなしのひとつとなり、この風潮が先例を尊ぶ公家社会に定着し形式化していった。こうした規式が室町時代の武家社会へと受け継がれ、さらに江戸時代にまでその影響が及んでいる。

今回、中世の人びとの食生活についてまず将軍たちの御成《おなり》から調べはじめた。足利将軍の御成の食事は、現在にも通ずる日本料理、すなわち本膳《ほんぜん》料理の様式が始められた時期である。また、織田信長《おだのぶなが》の饗応《きょうおう》では、何といっても明智光秀《あけちみつひで》との関係に興味がひかれた。明智が失脚した理由はさまざまにいわれ、そのひとつに饗応役を仰せ付けられた家康への もてなしが気に入らなかったとされている。しかし、ほぼ同時期の家康への饗応献立から は、明智の不始末が読み取れない。したがって、『真書太閤記《しんしょたいこうき》』にある信長の嫉妬深く怒 りっぽい性格的なものがその原因であろうと考えた。

食品については日記類に記されている贈答品記録から読み取れる。たとえば、垸飯《おうばん》や魚、鳥、瓜などが幕府に対して贈られる決まりがあった。その他の食品では多くの魚介類や加工品、牛・豚をのぞく獣鳥肉類、野菜類、果物類、菓子類などが用いられた。この時代に はまだ醬油が現れていないので、調理法や加工法は単純なものが多いが、用いられた食品 の種類はほぼ現在と遜色ないほど多種に及んでいる。

そのほか朝鮮や明（中国）、南蛮などの外国との貿易を行っていた大名たちからは、珍 しい異国の品々が贈られた。食品では砂糖や蜜、焼酎、南蛮酒など、そして沈香《じんこう》や虎皮、 豹皮、朝鮮人参などもあった。中国からは唐物として唐紙《からかみ》や唐筆《とうひつ》（筆）、唐墨などが運ば れていた。唐紙とは一昔前まではふすま（ふすま紙）のことをさしていた。これらは、い ずれも日本にない珍しいものだった。ただ、南蛮菓子はまだまれにしか見られない。

図31　室町時代の食事風景

国を挙げて行った明との交流は、中国の文物や風習、精進料理《しょうじん》などをもたらした。精進料理の普及は、淡白な味を好む民族を育んだ。その一方で、日本特有の料理文化が芽生えた時期でもある。中国風の偶数の膳組みではなく、七五三や五五三など奇数の膳組みがうまれ、天正九年六月十五日安土城《あづちじょう》でのもてなしには汁が一〇種類も出るなど、汁物が多い傾向は日本の特徴といってよい。

　中世人の食生活は、食品や料理法、料理様式いずれからみても日本料理の基礎が形成された時期といってよく、これがさらに江戸時代に洗練されて現在に至っているように思うのである。

あとがき

今回、中世に書かれた日記などに目を通し、食生活についてまとめてみた。資料はかなり多く、年代順にすると『教言卿記《のりときききょうき》』（一四〇五〜一〇）、『言国卿記《ときくにきょうき》』（一四七四〜九二）、『言継卿記《ときつぐきょうき》』（一五二七〜七一）など歴代内蔵頭《くらのかみ》・中将・中納言をつとめた山科《やましな》家の人びとの日記がある。山科家の役割は宮中の被服や調度を管理することだった。また、山科家の日記が記されていない時期の事項については、山科家の雑掌をつとめた大沢久守が記した『山科家礼記《やましなけらいき》』（一四一二〜九二）によって補完できる。

宮中に関する資料としては、まず伏見宮貞成親王の記した『看聞日記《かんもんにっき》』（一四一六〜四八）がある。伏見宮貞成親王という人は、後小松《ごこまつ》上皇を父とする天皇家直系の人であるが、病を得ていた称光《しょうこう》天皇からおだやかに譲位することができず出家させられたのである。初期は伏見に幽居していたが、自らの長子が後花園《ごはなぞの》天皇となってからは京都に住んだ。幽居していた時代には一般人との交流もあって、その生活ぶりは面白い。

時代は少し下るが『後奈良院宸記《ごならいんしんき》』（一五三六～四六）は後奈良天皇の御記である。また『お湯殿の上の日記』（一四七七～一六二七）は宮中の女官によって書かれたもので、一六〇〇年分の記録が女房ことばで残されている。慣れない者には読みづらいが、近年『お湯殿の上の日記　主要語彙索引』が出版され、項目からひくことができるようになった。

次に寺院関係のものには『蔭凉軒日録《いんりようけんにちろく》』（一四三五～六六および一四八四～九三）である。蔭凉軒とは足利義満の創始で将軍家の菩提寺だった相国寺《しようこくじ》の塔頭鹿苑院《たつちゆうろくおんいん》の僧が書いた公用日記であるから、足利氏に関する記事が多い。『碧山日録《へきざんにちろく》』（一四五九～六八）は京都東福寺の僧雲泉太極の記したもの、『蔗軒日録《しよけんにちろく》』（一四八四～八六）は京都東福寺をへて堺の海会《かいえ》寺の僧季弘大叔《きこうだいしゆく》の記したものである。堺の記録は、当時中国との貿易も行っていた海会寺であるから、内容的に面白いものがある。

公家の記録としては『実隆公記』（一四七四～一五三六）がある。内大臣をつとめた三条西実隆の記したもので、前述の『言国卿記』と年代が近いが、身分的に言国とは差がありその内容が異なる。

以上を主な文献として今から五、六〇〇年前の暮らしぶりを調べた。宮中と公家とのかかわり、足利将軍や信長、秀吉などの記事もあり、また守護大名の大内氏、大友氏、島津氏などとの関係をうかがうことができた。豊かな食生活にあらためて驚いている。そして、今も昔も変わらない贈答文化から、必要性があったために記録が残されていて、それが後世に役立っていることを痛感している。

本書をまとめるにあたり、山口県文書館和田秀作氏、大分市教育委員会文化財課坪根伸也氏、慶応義塾大学三田メディアセンターおよび別府大学付属図書館、ほか多くの方々のご協力、ご指導を受けましたことを深謝するとともに、吉川弘文館の皆様にお礼を申し上げます。

平成十九年九月

江後迪子

参考文献

中世の食事と食品

『類聚雑要抄』塙保己一編、群書類従第二六輯、続群書類従完成会、一九九一年
『古代・中世の食事』石毛直道代表編、週刊朝日百科『世界の食べもの』一一七、朝日新聞社、一九八三年
『日本食物史』上、桜井秀・足立勇、雄山閣出版、一九九四年
『和菓子の今昔』青木直己、淡交社、二〇〇〇年
『名茶会再現』下、吉田秀徳編、世界文化社、一九九五年
『宗湛茶湯日記』上、西日本文化協会、一九八四年

天下人のおもてなし

『満済准后日記』続群書類従補追一(上)(下)、続群書類従完成会、一九八八、一九八九年
『萩藩毛利家の食と暮らし』、江後迪子、つくばね舎、二〇〇五年
『真書太閤記』三、国民文庫刊行会、一九一四年
『明智軍記』二木謙一監修、新人物往来社、一九九五年
『御献立集』慶応義塾大学魚菜文庫蔵、江戸期
「輝元聚楽邸江秀吉公御成記」山口県文書館蔵、一五八八年

「毛利輝元卿傳」渡辺世祐監修、マツノ書店、一九八二年
「資料紹介　御数寄御成の記」土田美緒子『尚古集成館紀要』第四号、一九九〇年
『大名の暮らしと食』江後迪子、同成社、二〇〇二年
『中世武家儀礼の研究』二木謙一、吉川弘文館、一九八五年
『増補訂正編年大友史料』第三〇巻、田北学、一九六九年
『日本中世の贈与と負担』盛本昌広、校倉書房、一九九七年
『典座教訓』道元著・佐藤達全訳、教育社、一九八八年
『四条流包丁書』作者不詳・倉林正次編、日本料理秘伝集成一八巻、一九八五年
『江戸時代料理本集成』一巻、吉井始子翻刻、臨川書店、一九七八年
『尚古集成館紀要』三号、尚古集成館、一九八九年
『お湯殿の上の日記　主要語彙索引』小高恭編、岩田書院、一九九七年
『海から見た日本文化』大林太良、小学館、一九九二年
『伊勢と熊野の海』森浩一、小学館、一九九二年
『江漢西遊日記』司馬江漢著、芳賀徹・太田理恵子校注、平凡社、一九八六年
『日本料理秘伝集成』九巻、原田信男・奥村彪生編、同朋舎出版、一九八五年
『つれづれ日本食物史』第一巻、第二巻、川上行蔵、東京美術、一九九二年
「吉良流祝膳の献立」その1、宮腰松子『神戸女学院大学論集』一五、一九六九年
『名茶会再現』上下巻、吉田秀徳編、世界文化社、一九九五年

『わかりやすい茶の湯の文化』谷晃、淡交社、二〇〇五年
『茶道古典全集』七、八、十巻、千宗室代表編、淡交社、一九七七年
『新訂信長公記』太田牛一著・桑田忠親校注、新人物往来社、一九九七年
『千利休』桑田忠親、中公新書、一九九三年
『食生活と文化』石川寛子・市毛弘子・江原絢子、弘学出版、一九八九年

贈答された高級食品

『中世武家儀礼の研究』二木謙一、吉川弘文館、一九八五年
『教言卿記』史料纂集古記録第一、第二、第三、続群書類従完成会、一九六五、七〇、七四年
『実隆公記』三条西伯爵家御蔵版、太洋社、一九三一～二〇〇一年
「当家年中作法日記」田北学編『増補訂正編年大友史料』第三〇巻、一九六九年
『鹿児島県史料』旧記雑録前編二、鹿児島県維新史料編纂所編、鹿児島県、一九七九年
『大日本古文書』家わけ第一六島津家文書一、東京帝国大学編、東大史料編纂所、一九四二年
『大日本古文書』家わけ第一六島津家文書三、東京大学出版会、一九六六年
『満済准后日記』続群書類従補追一(上)(下)、続群書類従完成会、一九八八、八九年
「李朝実録」『山口県史』史料編中世一、作者不詳、山口県、一九九六年
『大友編年史料』田北学、増補訂正編年大友史料
『山口県の歴史』二版、三坂圭治、山川出版社、一九九六年
『新訂信長公記』太田牛一著・桑田忠親校注、新人物往来社、一九九七年

『日本中世の贈与と負担』盛本昌広、校倉書房、一九九七年
『南蛮から来た食文化』江後迪子、弦書房、二〇〇四年
『対外関係と文化交流』田中健夫、思文閣出版、一九八二年
『聚楽第行幸記』群書類従第三輯、群書類従完成会、一九九三年
「関白秀吉公江御進物之覚」山口県文書館蔵、年不詳
『石山本願寺日記』上下、復刻版、清文堂出版、一九八四年
『蔭凉軒日録』増補続史料大成第二一巻、臨川書店、一九九五年
『鹿苑日録』続群書類従完成会、平文社、一九九一年
『四条流包丁書』作者不詳、倉林正次編、日本料理秘伝集成一八巻、同朋舎出版、一九八五年
『看聞日記』塙保己一編・太田藤四郎補、続群書類従補追二、平文社、一九九一年
『蜷川親元日記』続史料大成、臨川書店、一九六四年
『言継卿記』史料纂集古記録、続群書完成会、一九九八年
『江戸料理集』吉川誠次編、日本料理秘伝集成二巻、同朋舎出版、一九八五年
『大草殿より相伝の聞書』倉林正次編、日本料理秘伝集成一八巻、同朋舎出版、一九八五年
『料理切方秘伝抄』・『三十六之鯉』吉井始子、江戸時代料理本集成一巻、臨川書店、一九八六年
『鯛鱸真鰹王餘魚切形』作者不詳、尚古集成館蔵、年不詳
『庭訓往来』塙保己一編、続群書類従巻三六一、続群書類従完成会、一九五九年
『進物便覧』大坂河内屋長七版、東京都立中央図書館加賀文庫蔵、一八一一年

『毛吹草』松江重頼著、竹内若校訂、岩波書店、一九七六年
『言国卿記』史料纂集古記録、続群書類従完成会、一九六九〜一九九五年
『隠居大名の江戸暮らし』江後迪子、吉川弘文館、一九九九年
『異制庭訓往来』塙保己一編、続群書類従第九輯、続群書類従完成会、一九九二年
『尺素往来』塙保己一編、続群書類従第九輯、続群書類従完成会、一九九二年
『庭訓往来』山田俊雄・入矢義高・早苗憲生、新日本古典文学大系52、岩波書店、一九九六年

中世の食文化を探る

『伊勢と熊野の海』森浩一、小学館、一九九二年
『お湯殿の上の日記　主要語索引』小高恭編、岩田書院、一九九七年
『日本食物史』上、桜井秀・足立勇著、雄山閣、一九九四年
『海鰻百珍』原田信男・奥村彪生編、日本料理秘伝集成九巻、同朋舎出版、一九八五年
『つれづれ日本食物史』第一巻・第二巻、川上行蔵、東京美術、一九九二年
「中世の食」1〜5、熊倉功夫『vesta』20・21・23・24・25、味の素食の文化センター、一九九四〜九七年
『料理物語』作者不詳・平野雅章訳、教育社新書、一九八八年
『江戸の食生活』原田信男、岩波書店、二〇〇三年
『江戸の料理史』原田信男、中公新書、一九八九年
『南蛮から来た食文化』江後迪子、弦書房、二〇〇四年

『宗及他会記』千宗室代表編、茶道古典全集第七巻、淡交社、一九七七年
『江戸料理事典』松下幸子、柏書房、一九九六年
『萩藩毛利家の食と暮らし』江後迪子、つくばね舎、二〇〇五年
『本朝食鑑』四、人見必大著・島田勇雄校注、平凡社東洋文庫、一九八〇年
『論集東アジアの食事文化』石毛直道編、平凡社、一九八五年
『菓子の文化誌』赤井達郎、河原書店、二〇〇五年
『図説和菓子の今昔』青木直己、淡交社、二〇〇〇年
『王朝の雅と和菓子』第四二回虎屋文庫資料展資料、一九九四年
『嘉定私記』大久保主水、東京大学総合図書館蔵、一八〇六年
『古今名物御前菓子秘伝抄』作者不詳、鈴木晋一訳、教育社新書、一九八八年
『日本料理秘伝集成』一八、倉林正次編、同朋舎出版、一九八五年
『山科家礼記』史料纂集、続群書類従完成会、一九六七年
『碧山日録』増補続史料大成二〇巻、臨川書店、一九九三年

料理の普及と年中行事

『大乗院寺社雑事記』増補史料大成、臨川書店、一九九四年
『料理物語』作者不詳・平野雅章訳、教育社新書、一九八八年
「明応九年将軍御成雑掌注文」『山口県史』史料編中世1、山口県、一九九六年
『畠山亭御成』塙保己一編、群書類従第二二輯、続群書類従完成会、一九五九年

『佐々木亭御成記』宮内庁書陵部蔵、一五三三年
『細川亭御成記』塙保己一編・太田藤四郎補、続群書類従第二四輯下、続群書類従完成会、一九五九年
『三好筑前守義長朝臣亭江御成記』塙保己一編、群書類従第二二輯、続群書類従完成会、一九五九年
『朝倉亭御成記』塙保己一編、群書類従第二二輯、続群書類従完成会、一九五九年
『安土御献立』塙保己一編・太田藤四郎補、続群書類従第二三輯下、続群書類従完成会、一九五九年
『毛利亭御成記』塙保己一編・太田藤四郎補、続群書類従第二三輯下、続群書類従完成会、一九五九年
『加賀中納言殿江御成之事』塙保己一編、群書類従第二二輯、続群書類従完成会、一九五九年
『文禄四年御成記』塙保己一編、群書類従第二二輯、続群書類従完成会、一九五九年
「雑煮についての一考察」江後迪子『風俗史学』第一一号、一九九九年
「中世の食」1～5、熊倉功夫『ｖｅｓｔａ』20・21・23～25、味の素食の文化センター、一九九四～九七年
『蔭凉軒日録』増補続史料大成第21巻、臨川書店、一九九五年
『山科家礼記』史料纂集、続群書類従完成会、一九六七年
『多聞院日記』竹内理三編、増補続史料大成、多聞院日記一、臨川書店、一九九四年
『教言卿記』史料纂集古記録第一・第二・第三、続群書類従完成会、一九六五、七〇、七四年
『言国卿記』史料纂集古記録第一・第二・第三、続群書類従完成会、一九七五、七七、七八、八四、九五年
『言継卿記』史料纂集古記録、続群書類従完成会、一九九八年

『看聞日記』塙保己一編・太田藤四郎補、続群書類従補遺二、平文社、一九九一年
『実隆公記』三条西伯爵家御蔵版、太洋社、一九三一〜二〇〇一年
『武家儀礼格式の研究』二木謙一、吉川弘文館、二〇〇三年
『隠居大名の江戸暮らし』江後迪子、吉川弘文館、一九九九年
「当家年中作法日記」田北学編『増補訂正編年大友史料』第三〇巻、一九六九年
『料理文献解題』川上行蔵編、柴田書店、一九七八年

著者紹介

一九三四年、神戸市生まれ
山口女子短期大学より実践女子大学大学院修士課程修了
広島文教女子大学短期大学部助教授、別府大学短期大学部教授を経て
現在、江戸期の食文化の研究および執筆活動

主要著書
カステラ文化誌全書（共著）　隠居大名の江戸暮らし　大名の暮らしと食　南蛮から来た食文化　萩藩毛利家の食と暮らし

歴史文化ライブラリー
240

信長のおもてなし
中世食べもの百科

二〇〇七年（平成十九）十月一日　第一刷発行

著　者　江《え》後《ご》迪《みち》子《こ》
発行者　前田求恭
発行所　株式会社　吉川弘文館
東京都文京区本郷七丁目二番八号
郵便番号一一三—〇〇三三
電話〇三—三八一三—九一五一〈代表〉
振替口座〇〇一〇〇—五—二四四
http://www.yoshikawa-k.co.jp/
印刷＝株式会社　平文社
製本＝ナショナル製本協同組合
装幀＝マルプデザイン

歴史文化ライブラリー

1996.10

刊行のことば

現今の日本および国際社会は、さまざまな面で大変動の時代を迎えておりますが、近づきつつある二十一世紀は人類史の到達点として、物質的な繁栄のみならず文化や自然・社会環境を謳歌できる平和な社会でなければなりません。しかしながら高度成長・技術革新にともなう急激な変貌は「自己本位な刹那主義」の風潮を生みだし、先人が築いてきた歴史や文化に学ぶ余裕もなく、いまだ明るい人類の将来が展望できていないようにも見えます。このような状況を踏まえ、よりよい二十一世紀社会を築くために、人類誕生から現在に至る「人類の遺産・教訓」としてのあらゆる分野の歴史と文化を「歴史文化ライブラリー」として刊行することといたしました。

小社は、安政四年(一八五七)の創業以来、一貫して歴史学を中心とした専門出版社として書籍を刊行しつづけてまいりました。その経験を生かし、学問成果にもとづいた本叢書を刊行し社会的要請に応えて行きたいと考えております。

現代は、マスメディアが発達した高度情報化社会といわれますが、私どもはあくまでも活字を主体とした出版こそ、ものの本質を考える基礎と信じ、本叢書をとおして社会に訴えてまいりたいと思います。これから生まれでる一冊一冊が、それぞれの読者を知的冒険の旅へと誘い、希望に満ちた人類の未来を構築する糧となれば幸いです。

吉川弘文館

〈オンデマンド版〉
信長のおもてなし
中世食べもの百科

On Demand
歴史文化ライブラリー
240

2018年（平成30）10月1日　発行

著　者　江《え》 後《ご》 迪《みち》 子《こ》
発行者　吉 川 道 郎
発行所　株式会社　吉川弘文館
〒113-0033　東京都文京区本郷7丁目2番8号
TEL　03-3813-9151〈代表〉
URL　http://www.yoshikawa-k.co.jp/

印刷・製本　大日本印刷株式会社
装　幀　清水良洋・宮崎萌美

江後迪子（1934～）

ISBN978-4-642-75640-2